# Recuperando el Evangelio Bíblico

☙❧

Cómo Solo Dios Salva A Los Pecadores
De Principio A Fin

Tony Sanelli

ISBN:1-948194-01-5
ISBN-13:978-1-948194-01-3

# DEDICACIÓN

A mi esposa Sheri y mis hijos Nicole, Michael y Jordan. Por los muchos sacrificios que hicieron en los primeros años del ministerio durante la predicación de estos sermones.

# CONTENIDO

# PREFACIO

Este libro consta de seis sermones predicados en el púlpito de Grace Bible Church en Pleasant Hill, California (que antes se reunía en Walnut Creek). El deseo de formar las bases de lo que era entonces una joven iglesia, proporcionó la motivación para la predicación de la serie original de estos sermones.

La celebración de los 500 años de la Reforma Protestante es la motivación para publicar estos sermones. Han pasado veinte años desde que los prediqué por primera vez. Todavía cuando los leo mi corazón vibra con todas las verdades básicas que anuncian. Sin embargo, después de haber vivido muchos más retos personales y ministeriales, me encuentro admitiendo que diría algunas cosas de una forma diferente, quizás con mayor claridad y profundidad, junto con una mayor sensibilidad pastoral.

Estoy convencido de que el evangelio es el mensaje más importante del mundo. Mientras que cada predicador verdadero debe sentirse como en casa en el evangelio, las palabras no pueden transmitir completamente la profundidad y amplitud del plan glorioso y misericordioso de Dios en la salvación. El evangelio es digno de mucho más de lo que se dice en este breve libro.

Sin embargo, es mi esperanza y oración que nuestro Señor use este libro para dar una visión más profunda del evangelio a quienes lo lean. El evangelio todavía es el poder de Dios para la salvación a todos los que creen (Romanos 1:16).

Me gustaría expresar también mi agradecimiento a las personas más responsables por la presentación de estos sermones en letra impresa, tanto en inglés como en español: Ben Nissen, ministro de misiones y medios de comunicación de Grace Bible Church, quien encabezó el proyecto y lo llevó a buen término. A Al Anderson, por su trabajo editorial en inglés. Al Dr. Raymundo Estenoz por su diligente trabajo en corregir la traducción de los sermones al español, revisar el contenido teológico y las citas bíblicas. A Rogelio del Río, por su trabajo editorial en español.

Deseo aclarar que estos mensajes transcritos han sido editados y formateados para esta publicación. Sin embargo, se han hecho muy pocos intentos para alterar el estilo de entrega espontáneo o para producir un manuscrito que sea completamente preciso en su gramática y que se ajuste a una plantilla de estilo establecida. Este no es un trabajo técnico y, como tal, las notas finales y las referencias a otros materiales se han mantenido al mínimo. Cuando se ha utilizado una cita directa se han utilizado todos los intentos razonables para localizar la fuente original.

Esta versión en español ha sido corregida y ampliada para alcanzar a los hispano parlantes de todo el mundo. Es mi oración que este libro resulte en bendición para todos los que quieran tener un conocimiento más profundo del evangelio bíblico.


~Tony Sanelli

# 1

# DIOS SALVA A LOS PECADORES

Vamos a explorar las Escrituras con el objetivo de definir el evangelio de Jesucristo. He titulado esta exploración: *Recuperando el Evangelio Bíblico*. Espero que le sirva para definir con cierta claridad el evangelio real de Jesucristo que las Escrituras proclaman. Este es el evangelio que nos une como creyentes, por lo que necesitamos saber precisamente en qué consiste. Para algunos que aún no conocen este evangelio de Cristo por fe, es mi esperanza que este estudio llegue a su corazón y a su mente.

Para comenzar, tengamos en cuenta que el significado de la palabra evangelio es esencialmente buenas noticias. El evangelio es un mensaje que trae buenas nuevas de la presencia de Dios a pecadores como nosotros. Sin embargo, el evangelio es más que un buen mensaje. También es más que una colección de palabras y versículos acerca de Dios. La Biblia explica el evangelio con mayor claridad en todas sus páginas.

En Romanos 1:16, el Apóstol Pablo escribe a la iglesia diciendo: *"Porque no me avergüenzo del evangelio, pues es el poder de Dios para la salvación de todo el que cree; del judío primeramente y también del griego."* En el versículo siguiente, Pablo amplía esto con mayor fuerza, señalando que el evangelio es el mismo poder de Dios para la salvación. *El evangelio expresa el poder omnipotente de Dios en la salvación.* En otras palabras, Pablo afirma que el evangelio no solo explica el camino de la salvación; el evangelio mismo es usado por Dios con poder para efectuar la salvación. El evangelio es mucho más que una historia.

J. I. Packer dijo: "Realmente solo hay un punto importante que debe destacarse en todo el campo de la soteriología, el punto de que Dios salva a los pecadores"[1]. El término soteriología se refiere a la doctrina de la salvación, pero podríamos llamarla teología del evangelio. Este es el punto importante que Pablo señala en el primer capítulo de Romanos: que el evangelio es el poder que Dios usa para salvar a los pecadores. Estaré enmarcando mis enseñanzas alrededor de esa frase: *"Dios salva a los pecadores"*. Quiero explicar esa frase palabra por palabra, para resaltar la importancia y profundidad de lo que está involucrado en esta afirmación.

A medida que se desarrolla este libro veremos que Dios salva a los pecadores *solo por gracia.* Dios salva a los pecadores *solo por la fe.* Dios salva a los pecadores basado *solo en los méritos de Cristo.* Y finalmente, Dios salva a los pecadores *solo para su gloria.*

Antes de comenzar con nuestra exploración del significado del evangelio, me gustaría compartir con ustedes una visión general de varios pasajes bíblicos que cimientan el contenido de este.

## I. DIOS salva a los pecadores

En Jonás 2:9, el profeta dice: *"La salvación es del Señor."* Pablo, en Tito 3:5, nos dice: *"Él nos salvó, no por obras de justicia que nosotros hubiéramos hecho, sino según su misericordia, por el lavamiento de la regeneración y la renovación por el Espíritu Santo".* Cuando en la Escritura leemos que Dios nos salva, entendemos que esto se refiere a que toda la obra de salvación es del Señor, desde el principio hasta el fin, desde antes de la creación del mundo hasta (e incluyendo) el punto donde somos glorificados en el cielo. *Dios diseña toda la obra de la salvación, la realiza y la aplica a su pueblo a su manera y a su tiempo.*

Esa es la perspectiva de la Escritura sobre la salvación. Los pecadores (que incluye a toda la humanidad) dependen totalmente del Señor para ser salvos. Si hemos de comenzar a recuperar el evangelio bíblico, debemos entender desde el principio que las Escrituras afirman claramente una y otra vez que la salvación pertenece solo a Dios. La Biblia describe un cuadro de Génesis a Apocalipsis del Dios amoroso, omnipotente y sabio que salva a los pecadores. No es un cuadro que retrata a Dios haciendo *posible* que los pecadores se salven a sí mismos y luego mira con paciencia, con ansia, esperando que alguien pueda entenderlo todo y aceptar su oferta. Las Escrituras revelan desde el principio hasta el fin a un Dios soberano que *salva directamente* a los pecadores. Su amor no establece una posibilidad que depende de nuestra voluntad y esfuerzo. Su amor, compasión, misericordia y gracia se extienden a nuestra conversión a través de nuestra santificación, y todo el camino hasta nuestra glorificación final. Este es el tema del evangelio.

Cuando leemos la declaración bíblica de que la salvación es del Señor, esto claramente indica que solo Dios salva a los pecadores. Es solo su decisión y su poder lo que hace que los resultados ocurran. La salvación también proviene del Dios Trino, Dios el Padre, Dios el Hijo y Dios el Espíritu Santo. Cuando un cristiano afirma que Dios salva a los pecadores, eso es lo que quiere decir. Cada una de las personas en la Divinidad juega un papel en este glorioso proceso de salvación solo por gracia. Las tres personas que constituyen la Trinidad, en completa unidad, salvan a los pecadores. El Padre ha planeado nuestra redención, el Hijo ha cumplido la redención, y el Espíritu Santo toma la redención de Jesucristo y la aplica a su pueblo.

Charles Spurgeon dijo una vez que el Padre provee este glorioso banquete del evangelio, el Hijo mismo es la fiesta, y el Espíritu no solo invita a las personas, sino que reúne a los invitados alrededor de la mesa para deleitarse en esta fiesta. El Padre ha planeado la fiesta gloriosa. El Hijo mismo es el Sumo Sacerdote y la ofrenda de sacrificio, el alimento para la fiesta. Y el Espíritu Santo no solo proclama e invita, sino que también nos trae a la luz, la vida y el alimento de la fiesta.[2]

## El papel de Dios el Padre en la salvación

En nuestra comprensión de la salvación debemos comenzar con el papel que desempeña Dios el Padre. Veamos lo que nos enseña Pablo sobre este tema en la Epístola a los Efesios:

> *Bendito sea el Dios y Padre de nuestro Señor Jesucristo, que nos ha bendecido con toda bendición espiritual en los lugares celestiales en Cristo, según nos escogió en Él antes de la fundación del mundo, para que fuéramos santos y sin mancha delante de Él. En amor nos predestinó para adopción como hijos para sí mediante Jesucristo, conforme al beneplácito de su voluntad, para alabanza de la gloria de su gracia que gratuitamente ha impartido sobre nosotros en el Amado. (Efesios 1:3-6).*

Aquí el Apóstol descubre y muestra la obra del Padre en este gran plan de salvación. Antes de que la tierra fuera creada, Dios ya había determinado precisamente a aquellos a quienes él salvaría en Jesucristo. Si esto le parece abrumador, pues lo es; es más ¡es asombroso! Todo esto proviene del Maestro con su suprema autoridad. La palabra de Dios dice que él predestinó este plan en Jesucristo. Dios nos escogió y predestinó en amor. No solo predestinó a los que serían suyos y a los que él llamaría alrededor de la mesa del evangelio, sino que también determinó exactamente como sería. Él determinó que solo por Jesucristo y por su sangre derramada en la cruz, tendríamos esta redención. Todo *Dios lo planificó y realizó por su amor y por su gracia*. Solo Dios pudo idear un plan que honrara su justicia y mantuviera su santidad sin quebrantarla, mientras nos libraba de su ira y castigo. Al mismo tiempo, permitiendo que su misericordia, su amor y su compasión reinaran. Ninguna criatura finita, hombre o ángel podría idear o ejecutar tal plan.

## El papel de Dios el Hijo en la salvación

Ahora veamos el papel de Dios el Hijo en la ejecución del plan del Padre. Jesús cumplió la voluntad del Padre en el evangelio. En el capítulo 4 del Evangelio de Juan se nos enseña que Jesús vino a hacer la voluntad del Padre. Jesús dice: *"Mi comida es hacer la voluntad de Aquel que me envió y cumplir su obra (Jn 4:34)."*. La obra suprema que Cristo vino a realizar fue la salvación que su Padre diseñó. ¿Cuál fue esta obra que Cristo vino a hacer? En Mateo 20:28 leemos: *"El Hijo del hombre no vino para ser servido, sino para servir y dar su vida como rescate por muchos"*. Esta es la obra que Cristo vino a cumplir. *Él vino para servir y cumplir la voluntad de su Padre; él no vino para que pudiéramos servirle.*

Cuando Jesús fue colgado en la cruz, con aliento moribundo sus últimas palabras fueron: "¡Consumado es!" ¿Cuál fue el trabajo que se consumó? Fue la obra que Dios el Padre había dado a su Hijo para hacer. Fue el trabajo diseñado antes de la fundación del mundo. Como está escrito en el libro de Apocalipsis: *"Él es el Cordero de Dios que fue inmolado antes de la fundación del mundo"* (Apoc. 13:8). Ese día, hace aproximadamente 2000 años, cuando Jesucristo moría en aquella cruz, la obra de salvación quedaba terminada de una vez por todas. Él vino y vivió una vida perfecta y justa bajo la ley en nombre de todo su pueblo, y luego se entregó a sí mismo como un sacrificio expiatorio por el pecado y la culpa de su pueblo. Así que ¡su obra de salvación está consumada!

## El papel de Dios el Espíritu en la salvación

Tercero, considere el papel del Espíritu Santo, que toma esta justicia de Cristo y su muerte expiatoria sacrificial y la aplica a nosotros. Esta justicia de Cristo no es por naturaleza nuestra, pero la necesitamos y debemos tenerla para entrar en el cielo. El Espíritu toma la justicia de Jesús ganada a través de su vida sin pecado y la aplica a nosotros.

¿Cómo hace esto el Espíritu? 1ra. de Tesalonicenses 1:4-5 nos trae una clara idea sobre cómo esto ocurre:

*...Sabemos, hermanos amados de Dios, de la elección de ustedes, porque nuestro evangelio no vino a ustedes solamente en palabras, sino también en poder y en el Espíritu Santo y con plena convicción; como saben qué clase de personas demostramos ser entre ustedes por el amor que les tenemos.*

Pablo está diciendo que él sabía que los tesalonicenses pertenecían a Dios, y habían sido escogidos por Dios. Cuando el evangelio vino a ellos no fue solo por palabras; vino también por el poder del Espíritu Santo. El evangelio llegó con plena convicción, traída por el Espíritu Santo.

Por lo tanto, esta es una forma en que el Espíritu Santo aplica el evangelio, aplicando la justicia ganada por Cristo a nosotros. En esencia, él da *al evangelio su poder transformador y regenerador. Él toma palabras que contienen la historia de Jesús, su muerte sacrificial y su resurrección; y hace que su pueblo escogido la escuche y la crea.* Esto puede parecer una tontería para algunos. Pero a los que él ha escogido, por el llamado del Espíritu, el mismo poder de Dios se manifiesta en ellos.

Tenemos una historia: En ella hay un niño en un pesebre. Sin embargo, el niño es realmente Dios y hombre a la vez. El niño crece para vivir una vida perfecta, completamente sin pecado, porque es el Hijo de Dios. Y, por cierto, nació de una virgen. Entonces, en obediencia al Padre, él va y muere por su pueblo, se levanta corporalmente de entre los muertos y asciende visiblemente a los cielos para estar a la diestra de Dios para siempre.

Para la mente natural y caída esto es locura. Pero el Espíritu Santo toma esta buena noticia, que para algunos parece una fábula o una tontería, y la infunde con su poder y provoca plena convicción, para que la persona que la oye pueda decir: "Esto es así, esto es la verdad absoluta de Dios". Así es como funciona el Espíritu Santo cuando comienza a aplicar la redención de Cristo en su obra para salvar al pueblo de Dios.

Más revelación es dada por el Juan en su evangelio donde nos dice: *"Pero a todos los que lo recibieron, les dio el derecho (el poder) de llegar a ser hijos de Dios, es decir, a los que creen en Su nombre, que no nacieron de sangre, ni de la voluntad de la carne, ni la voluntad del hombre, sino de Dios (Juan 1:12)."* Juan declara que la obra del Espíritu es dar un nuevo nacimiento que viene de Dios. Estos nacieron de la voluntad de Dios. ¿Cómo puede hacer eso?

Juan 6:63 dice: "*...es el Espíritu que da la vida, y la carne no da nada"*. El Espíritu, siendo Dios, da la vida. El término aquí traducido como "da vida" se traduce en otros lugares como "vivifica". Es el Espíritu quien los vivifica. Piensa por ejemplo en tus uñas, normalmente puedes cortarlas sin dolor mientras no llegues a esa parte donde la uña está "viva". También se utiliza para referirse al primer signo de vida que una mujer siente en su vientre cuando está embarazada. Significa "traer a la vida". El Espíritu Santo es aquél que trae a la vida, Él trae nueva vida espiritual a los seres humanos. Todos estamos muertos en nuestros pecados y luego somos traídos a una nueva vida por Dios el Espíritu Santo. Él aplica la obra de Jesucristo en nosotros.

En la Epístola a los Romanos, Pablo expone la obra del Espíritu Santo aplicando la salvación de Jesucristo. Romanos 2:28-29 dice: *"Porque no es judío el que lo es exteriormente, ni la circuncisión es la externa, en la carne; sino que es judío el que lo es interiormente, y la circuncisión es la del corazón, por el Espíritu, no por la letra; la alabanza del cual no procede de los hombres, sino de Dios."*

¿Qué dice Pablo aquí? Él está proclamando que los verdaderos hijos de Abraham, aquellos que poseen el don de la salvación, no son los que han descendido de él físicamente ni los que han experimentado una circuncisión en su carne. El verdadero judío, el verdadero hijo de Abraham, es el que ha tenido la experiencia de la circuncisión de su corazón realizada por el Espíritu Santo.

Por lo tanto, aquí hay otra obra del Espíritu Santo aplicando la salvación. Él circuncidó los corazones de los creyentes. Esta frase significa que él corta el viejo corazón de piedra, ese viejo corazón rebelde que se niega a creer en Dios, para tornarlo a su palabra. El corazón que dice: "No me someteré a Dios. No me someteré a su ley. No permitiré que Dios sea algo en mi vida". El Espíritu Santo corta entonces, metafóricamente hablando, ese corazón de piedra y da un corazón de carne. Esta verdad proviene de Jeremías 31:31-33:

*"He aquí, vienen días —declara el Señor— en que haré con la casa de Israel y con la casa de Judá un nuevo pacto, no como el pacto que hice con sus padres el día que los tomé de la mano para sacarlos de la tierra de Egipto, mi pacto que ellos rompieron, aunque fui un esposo para ellos —declara el Señor; porque este es el pacto que haré con la casa de Israel después de aquellos días —declara el Señor—. Pondré mi ley dentro de ellos, y sobre sus corazones la escribiré; y yo seré su Dios y ellos serán mi pueblo."*

También lo vemos en la narración bíblica cuando el Apóstol Pablo relata el testimonio de su encuentro con Jesús en el camino de Damasco. En el momento de su rebelión contra Dios, camino a Damasco para arrestar y asesinar a los cristianos, resistiendo a Jesús, cayó en la tierra y quedó ciego. De repente, por la gracia de Dios, el Espíritu Santo vino y circuncidó el corazón de Pablo, de modo que en pocos segundos se transformó. Entonces, ¿qué dijo este hombre rebelde? *"¿Qué debo hacer, Señor?"* El encuentro repentino y dramático testifica que el corazón de Pablo ya había sido circuncidado en ese mismo momento. El Espíritu Santo había vivificado su espíritu; había nacido de arriba por el Espíritu Santo. Su corazón había cambiado de piedra a carne. Así que cuando dice: *"¿Qué debo hacer, Señor?"*, llegamos a reconocer que Pablo está vivo por la obra del Espíritu Santo.

Hay muchos otros elementos de la obra del Espíritu Santo en el proceso de nuestra salvación. Nos convence de nuestro pecado (Jn. 16:8-11), nos sella (Ef. 1:13), es nuestra garantía (Ef. 1:14), nos santifica (2 Tes. 2:13), nos consuela (Jn. 16:7), nos transforma de adentro hacia afuera (2 Cort. 3:17-18), y nos trae a la gloria (2 Cort. 3:18).

Para resumir los roles de cada persona de la Deidad, me vuelvo a un pasaje en la Carta del Apóstol Pablo a Tito.

*"El nos salvó, no por obras de justicia que nosotros hubiéramos hecho, sino conforme a su misericordia, por medio del lavamiento de la regeneración y la renovación por el Espíritu Santo, que El derramó sobre nosotros abundantemente por medio de Jesucristo nuestro Salvador, para que justificados por su gracia fuésemos hechos herederos según la esperanza de la vida eterna ( Tit. 3:5-7) ..."*

Aquí vemos el papel de cada uno de los miembros del Dios trino. Dios el Padre nos ha salvado por medio de Jesucristo. Él ha hecho esto por la obra renovadora y transformadora del Espíritu Santo. Las tres personas están activas en nuestra salvación: el Padre, el Hijo y el Espíritu Santo.

Estamos enfatizando en este punto que es Dios mismo, solo Dios, quien es responsable de nuestra salvación. Él es responsable del plan, la ejecución, el sostenimiento providencial de la redención a lo largo de la historia, y finalmente, de traer a todos sus hijos a la vida eterna en el cielo. Solo Dios hace esto. No hay mezcla en ello del esfuerzo humano o de la voluntad humana. Este es el evangelio de la Biblia y el evangelio del Apóstol Pablo; este evangelio da toda la gloria por la salvación de los pecadores a Dios y solo a él. Magnifica y exalta la gracia y misericordia de Dios en Jesucristo. También ve la fe que recibe este don como parte del don gratuito de Dios al hombre, en vez de la contribución del hombre a la obra de Dios. En Efesios 2:8-9 leemos: *"Porque por gracia ustedes han sido salvados por medio de la fe, y esto no procede de ustedes, sino que es don de Dios; no por obras, para que nadie se gloríe."* Por lo tanto, la salvación humana es el don de Dios; está arraigada en la gracia, y la fe, que es en sí misma el don, y está incluida en ella.

En otras palabras, el evangelio en la Biblia hace una fuerte distinción entre una salvación que es actividad únicamente del Dios Trino y una salvación en la que Dios solo permite a los hombres salvarse a sí mismos. La diferencia es profunda y esencial para la vida eterna.

Muchas personas creen en la última versión. Dicen en efecto: "Sé que creí... Yo fui quien dijo que sí ese día. Dios no lo dijo por mí, yo fui el que creyó." Sí, eso es cierto. Sí, todos ejercemos la fe para recibirlo. Pero profundizando en este tema nos podemos preguntar: ¿Por qué hicimos esto? ¿Por qué nosotros, rebeldes, egocéntricos, egoístas, orgullosos y arrogantes creemos en Cristo crucificado? No está en la inclinación de nuestro camino natural. La razón por la que lo hicimos fue porque nos dejamos arrastrar por la libre gracia de Dios. La libre gracia de Dios nos salvó.

Cada uno de nosotros escogió, y elegimos libremente; pero creemos porque Dios ya nos había dispuesto a creer. No lo malinterpreten. Dios no nos arrastró ni nos coaccionó, pateando y gritando en contra de nuestra voluntad. Su gracia es tal para con nosotros que nos ha dado una nueva vida espiritual y una nueva naturaleza. Luego de esto, nos encontramos con la persona de Cristo, tal y como es, por primera vez. La luz de su gracia sigue alumbrando nuestras vidas. Y entonces, como resultado, decimos: "¡Creo!" La acción de Dios viene primero; nuestra acción es en realidad una reacción, o un efecto, de lo que él ya ha hecho. Él nos ha escogido antes de la fundación del mundo. Él logró esta gloriosa salvación en la cruz hace 2000 años. En cierto momento, el Espíritu Santo nos aplica esa salvación y nos abre los ojos. La razón por la que nos resistimos a esta explicación es porque humilla nuestro orgullo.

Nuestro orgullo natural, nuestra carne caída, quiere creer que tuvimos algo que ver con todo el proceso de salvación. La realidad es que nuestra bondad, nuestro valor innato, nuestros méritos y nuestras obras están fuera del proceso de salvación y esto resulta humillante para nuestro orgullo. Jesús nos dice que es solo por su misericordia y por la gracia de Dios que venimos a él. En Juan 6:65 dice: *"Por eso les he dicho que nadie puede venir a Mí si no se lo ha concedido el Padre."* Esa es la razón de fondo: somos atraídos por el Padre para encontrar salvación en Jesús.

## II. Dios SALVA a los pecadores

El primer punto fue que es Dios mismo quien salva a los pecadores. El segundo punto se centra en el hecho de que Dios realmente realiza esta salvación. No solo hace posible la salvación. La salvación no es un potencial que activamos. Dios realmente salva a los pecadores, y para sacar esta enseñanza debemos responder a la pregunta: ¿Qué hizo realmente la muerte de Jesucristo?

Aproximadamente 2000 años atrás, cuando nuestro Señor murió en esa cruz y derramó su sangre preciosa, él logró de una vez por todas nuestra salvación. Allí en la cruz, el Hijo de Dios gritó: *"¿Por qué me has desamparado?"* En aquel tiempo el sol se oscureció, la tierra tembló, y las Escrituras nos dicen que la gente resucitó de entre los muertos. Entonces, al final, exclamó y dijo: *"¡Consumado es!"* Uno de los guardias que estaban allí era un testigo y dijo: *"¡Ciertamente, este hombre era el Hijo de Dios!"*

Pero ¿qué estaba ocurriendo? ¿Ganó la sangre de Jesús una hipotética salvación para creyentes hipotéticos? ¿Era esto una mera salvación potencial para todos? ¿O la sangre que él derramó, su muerte y su resurrección aseguran y garantizan la salvación de su pueblo específico, a quien él había amado desde antes de la fundación del mundo? Podemos abordar esta pregunta de otra manera. Podríamos preguntarnos si el poder salvador de Jesucristo y su obra expiatoria (que está arraigada en el poder omnipotente de Dios mismo) dependen de que se añada una decisión humana. ¿Es la fe humana, que tenemos por naturaleza, un ingrediente y un componente necesario para la aplicación de la salvación? O, por otro lado, ¿la cruz de Jesucristo posee tal poder salvador inherente que la salvación y la fe fluyen de ella a aquellos, y solo a aquellos, a quienes Dios ha escogido antes de la fundación del mundo? Para encontrar la respuesta, debemos mirar el lenguaje preciso de la Escritura que describe la muerte de Cristo. ¿El lenguaje indica potencialidad? ¿O habla de un hecho consumado? Lo que encontramos es que la Biblia no usa el lenguaje de potencialidad cuando habla del poder y obra de los logros de Jesús en la cruz. *Hay abundantes ejemplos y pasajes para demostrar que su obra realmente realizó el trabajo específico que él había planeado hacer.*

Consideremos primero la intención de Dios al enviar a su Hijo a la cruz. ¿Por qué Dios envió a Jesús a morir? El Evangelio dice que el Hijo del Hombre vino a salvar lo que estaba perdido, él no vino a hacer posible un camino para encontrar la salvación para todos los que querían. Jesús vino para salvar lo que realmente estaba perdido.

Una imagen que la Biblia usa en su lenguaje es que él vino a comprar su iglesia. Cristo Jesús vino al mundo para salvar a los pecadores. Él vino a dar su vida como un rescate por muchos (Mar. 10:45). Esta fue la intención de Dios, y plantea la consideración: ¿el Dios omnipotente falla en ejecutar y cumplir sus planes cuando paga un precio tan alto? Cuando Dios dice que él envía a su Hijo para redimir a su pueblo, ¿los redime, o solo potencialmente los redime? ¿La Biblia expresa la acción de Dios y la salvación como un acontecimiento accidental en los seres humanos?

En Efesios capítulo 1, Pablo dice: *"Él hace todas las cosas según el consejo de Su voluntad"*. Todas las cosas que Dios hace las hace según su voluntad y en esta voluntad está incluida las decisiones humanas. El Salmo 115:3 dice: *"Nuestro Dios está en los cielos; Él hace lo que Le place."*

Job 42:2 dice: *"Yo sé que ningún propósito tuyo puede ser frustrado."* Como resultado, podemos concluir que, si Dios envía a su Hijo para redimir y salvar a su pueblo, él en realidad logrará precisamente eso porque su plan no puede ser frustrado. En otras palabras, no es una salvación potencial, sino real y específica.

Más allá de la intención de Dios en la muerte de Cristo, considere lo que la Escritura enseña con respecto a lo que su muerte y su resurrección realmente lograron. En el Evangelio de Lucas capítulo 1, el padre de Juan el Bautista, Zacarías, profetiza en el templo. Lleno del Espíritu Santo, dice: *"Bendito sea el Señor Dios de Israel, porque nos ha visitado y ha realizado la redención para su pueblo".* El uso del verbo en el pasado (*ha realizado*), como algo que ya se ha logrado, es desde la perspectiva del Espíritu Santo, que está capacitando a Zacarías para profetizar. Desde la perspectiva de Dios, fue un acto consumado, aunque en ese momento aún no había ocurrido en la historia humana. Era solo el comienzo. Esto indica una redención real, no potencial. Jesús es el salvador que realmente salva a su pueblo. Nuevamente vemos esta redención en la Epístola a los Hebreos, capítulo 9:11-12:

> *"Pero cuando Cristo apareció como sumo sacerdote de los bienes futuros, a través de un mayor y más perfecto tabernáculo, no hecho con manos, es decir, no de esta creación, y no por medio de la sangre de machos cabríos y de becerros, sino por medio de su propia sangre, entró al Lugar Santísimo una vez para siempre, habiendo obtenido redención eterna."*

Los sacerdotes humanos del Antiguo Testamento entraron en un tabernáculo hecho por manos humanas y ofrecieron la sangre de toros y cabras para simbolizar la expiación por el pecado.

Ahora, mucho más grande fue la obra sacerdotal de Jesucristo cuando vino y murió en la tierra. Dice que no entró en un tabernáculo meramente humano, sino en el verdadero tabernáculo en los cielos. Además, no entró en este lugar con la sangre simbólica de toros y cabras. Él entró por su propia sangre preciosa. Con ese sacrificio perfecto en su propia sangre él obtuvo la redención eterna. No pagó el precio de redención completo, y luego se fue sin obtener lo que había comprado. Él obtuvo una redención eterna para su pueblo por medio de su muerte. Es un redentor que realmente redime a su pueblo. Él lo ha hecho sin confiar en nuestra ayuda porque él es Dios Todopoderoso (Mat. 28:18).

Otro pasaje que nos enseña sobre este tema lo encontramos en Romanos 8:28-30:

> *Y sabemos que para los que aman a Dios, todas las cosas cooperan para bien, esto es, para los que son llamados conforme a su propósito. Porque a los que de antemano conoció, también los predestinó a ser hechos conforme a la imagen de su Hijo, para que Él sea el primogénito entre muchos hermanos; y a los que predestinó, a ésos también llamó; y a los que llamó, a ésos también justificó; y a los que justificó, a ésos también glorificó.*

Si Dios no tuviera el poder de controlar todas las cosas, entonces no sería capaz de asegurarse de que todas las cosas funcionen para bien en nosotros. Dios nunca tiene que decir: "Ups". Curiosamente, la palabra "*conoció*", en el original, tiene el impacto real de la expresión "*nos amó*". Estas son las personas a las que amó antes de salvarlas; de hecho, las amó antes de la fundación del mundo. No se trata simplemente de decir que Dios sabe de todos. Cuando dice "*conoció*" es un amor familiar que Dios tiene por sus hijos. Así, cuando dice *"a los que antes conoció"* está hablando de aquellos a quienes *"Dios había designado, amado y escogido"* para convertirlos en sus hijos.

Note nuevamente que Pablo usa el tiempo pasado para cada uno de estos pasos de la salvación. Él predestinó (tiempo pasado) antes de la fundación del mundo. Él nos llamó (tiempo pasado). Y así sucesivamente, nos justificó y glorificó. Es un trato hecho y acabado de principio a fin. En la obra de Cristo, la salvación de Dios siempre se ve como un hecho consumado, porque él hace lo que tiene la intención de hacer. Lo planeó antes de la fundación del mundo, Dios lo hizo, y Dios lo llevará a la perfección en el momento adecuado. Esto es lo grande que es su gracia y su amor.

¿Por qué nos resistimos a esto? ¿Por qué nos molesta saber que Dios nos ha amado antes de la fundación del mundo? ¿Por qué pataleamos contra el amor, cuando nos damos cuenta de que es Dios mismo quien está generando ese amor? Esto solo debería traernos consuelo, porque somos llamados según su propósito, y su propósito es conocernos, amarnos y abrazarnos hasta la eternidad.

*El punto más alto, el clímax de la salvación está en la cruz.* Pero la salvación incluye todo el proceso desde antes del amanecer del tiempo hasta la glorificación del reino. Dios nos está convirtiendo en la imagen misma de su Hijo, y en la mente de Dios es un hecho consumado. No es solo un mero potencial para aquellos que están dispuestos a actuar en su propio beneficio en respuesta a su oferta. La gracia de su amor es maravillosa. Toda la planificación y ejecución que Dios puso en su gracia soberana en la salvación es absolutamente asombrosa. Realmente es una gracia increíble. ¡Este es el evangelio

de las Escrituras! Y cuando nos damos cuenta de que
Dios realmente nos ama, y lo hizo sin considerar si
éramos merecedores de su amor, sino solo porque él es
amor, se produce en nosotros una seguridad profunda
y eterna.

Algunas personas tienen dificultades con el evangelio
de la gracia gratuita porque sienten que hacen
innecesaria la fe y el evangelismo. La actitud se convierte
en: -Bueno, si esto es un hecho consumado, entonces
Dios lo hará todo y no tenemos que ocuparnos o hacer
nada. Pero esto pierde de vista un punto importante.
Cuando Dios decreta que algo va a suceder, no solo ha
decretado el fin, sino que ha decretado los medios para
lograr el fin. Eso es lo que significa soberanía. Cuando
Dios decretó que llegaríamos a la salvación creyendo en
su Hijo, eso fue el efecto que produjo la fe en nosotros.
No existe el efecto no causado. Quien decretó el efecto,
decretó las causas. Él ha determinado cada paso del
camino. Una vez más, eso es lo que significa ser el
Soberano Dios.

Por lo tanto, creer que Dios es soberano en su gracia
gratuita para salvarnos no niega nuestra responsabilidad
de confiar en él y evangelizar. ¿Por qué? Porque Dios ha
ordenado que hagamos ambas cosas. Dios ha decretado
que los medios serían la predicación del evangelio.
Nuestra parte no es tratar de recuperar el control y
averiguar todo. Nuestra parte es ir con el evangelio. Eso
es lo que Dios nos ha dicho que hagamos. No tenemos
nada que ver con quién creerá o no. Esa es la obra del
Espíritu Santo. No es asunto nuestro. Debemos
predicar la cruz, el arrepentimiento y la fe. Él hará lo que
quiera y salvará a su pueblo. Por lo tanto, nuestra
creencia y nuestra evangelización son aún más

necesarias. Esta verdad debe vigorizar nuestros esfuerzos para llevar a cabo nuestra obediencia. ¿Por qué? Porque Dios ha prometido que nos bendecirá y, por lo tanto, Dios lo hará.

## III. Dios salva a LOS PECADORES

El último punto en el que debemos enfocarnos es que Dios salva a los pecadores. Los pecadores son los objetos de su misericordia y su gracia. Cristo Jesús vino al mundo para salvar a los pecadores. Dios el Padre, el Hijo y el Espíritu Santo están involucrados en salvar a los pecadores. Los hombres son todos y cada uno pecadores, así es como Dios los encuentra. Si Dios va a salvar a cualquiera en absoluto, van a ser pecadores, porque hasta la última persona en el planeta es un pecador; cada uno de nosotros carece de poder para salvarse y está indefenso ante el pecado.

Romanos 5:12 dice que cuando Adán pecó, la muerte entró por su pecado, y la muerte se extendió a todo el pueblo. ¿Por qué? Porque todos pecaron. Tal vez no nos guste esa realidad. Pero la Escritura afirma que toda la humanidad está constituida pecadora. Adán fue el único que tuvo libertad de elección, y la usó para mal, alejándola de todos sus descendientes. Cuando pecó, también todos pecamos en él, porque él era nuestro jefe representativo. Él era la cabeza del pacto con Dios. Por lo tanto, en Adán todos pecaron. Él era la cabeza de la raza humana, y su pecado fue contado como nuestro. Cristo es la cabeza de su pueblo, y cuando él vivió rectamente y murió por nosotros, los que están en Cristo tienen su justicia sobre ellos. Es un paralelo exacto. El principio de imputación funciona en ambos sentidos; el pecado de Adán nos es imputado; nuestro pecado es imputado a Cristo en la cruz; y por el mismo principio, la justicia de Cristo nos es imputada.

El efecto del pecado es que estamos totalmente depravados. Aunque pudiéramos ser peores de lo que somos, el pecado nos ha dañado a todos. Jeremías 17:9 dice: *"Más engañoso que todo, es el corazón, y sin remedio; ¿quién lo comprenderá?"*. Génesis 6:5, justo antes del diluvio, Dios dice: *"Y el Señor vio que era mucha la maldad de los hombres en la tierra, y que toda intención de los pensamientos de su corazón era solo hacer siempre el mal."* El pecado se había extendido por todas partes para entonces; se había convertido en una pandemia. Después del diluvio, Dios dice lo mismo. El corazón del hombre sigue siendo malvado (Gén 8:21). Mateo 15:19 dice: *"Porque del corazón provienen malos pensamientos, homicidios, adulterios, fornicaciones, robos, falsos testimonios y calumnias."* El resultado del pecado de Adán ha sido la corrupción de todos los seres humanos. Su rebelión ha distorsionado la imagen de Dios que poseía el hombre en su inocencia. Y como resultado, nuestro corazón también está corrupto. Aunque pudiéramos ser peores de lo que somos, sin embargo, nuestro corazón es malvado y lo ha sido desde el momento en que entramos en esta vida.

Esta pandemia del pecado afecta a todos. Tiene efectos graves en la mente. Romanos 8:7 dice: *"...ya que la mente puesta en la carne es enemiga de Dios, porque no se sujeta a la ley de Dios, pues ni siquiera puede hacerlo."* La mente de la carne es incapaz de someterse a sí misma. Incapaz es una declaración de incapacidad. No tenemos el poder. Podemos hacer buenas obras, pero las hacemos para nuestra propia gloria, no para la gloria de Dios. Pablo repite este pensamiento en su carta a Tito en 1:15: *"Todas las cosas son puras para los puros, mas para los corrompidos e incrédulos nada es puro, sino que tanto su mente como su conciencia están corrompidas."* La palabra corrompido en el idioma original significa corrupto o deformado. Sus mentes y sus conciencias están corruptas y deformadas por el pecado.

No todo termina aquí con respecto al daño que nos ha producido el pecado, esto se pone peor. El pecado no solo afecta a la mente, sino también a la voluntad. Jesús dice: *"Tú eres de tu padre el diablo, y quieres hacer los deseos de tu padre"* *(Juan 8:44)*. Otra traducción para ese pasaje dice: *"Quieres hacer la voluntad de tu padre"*. Antes de enseñar esta verdad, Jesús dice: *"En verdad, de cierto os digo, todo aquel que comete pecado es esclavo del pecado"* *(Juan 8:34)*. Los que son esclavos no tienen la libertad de hacer lo que quieran. Cuando somos esclavos, especialmente esclavos del pecado, no somos libres para practicar la justicia. Nuestra voluntad está limitada al pecado y no podemos abstenernos de pecar. Es así es como cada uno de nosotros ha entrado en la raza humana. Dado que la Biblia dice que esta es nuestra verdadera condición, ¿cómo puede nuestra salvación depender de nuestra propia voluntad? Dios nos amó lo suficiente como para sacrificar a su Hijo para salvarnos, pero Dios no va a halagar nuestros egos y mentirnos para hacernos sentir bien al pensar que teníamos alguna parte en el proceso de salvación.

Dado que estas cosas son verdad, ¿cuáles son las consecuencias? Quizás la más obvia es que no estamos en condiciones de estar en la presencia de Dios. Así como Adán y Eva fueron expulsados del Jardín y alejados de su presencia, nosotros tampoco somos aptos para su presencia. El Salmo 24:3-4 dice: *"¿Quién subirá al monte del SEÑOR? ¿Y quién podrá estar en su lugar santo? El de manos limpias y corazón puro; el que no ha alzado su alma a la falsedad, ni jurado con engaño."* Bueno, siendo totalmente sinceros, eso excluye al cien porciento de nosotros.

La segunda consecuencia es que no podemos hacer la voluntad de Dios ahora. Dios todavía es el Señor Soberano, su ley sigue vigente, y somos completamente incapaces de cumplirla. Tenemos cierta libertad para hacer algunas elecciones, pero ciertamente no tenemos la libertad en nuestro espíritu de obedecer y cumplir la ley de Dios como lo hizo Adán en el Edén antes de la caída. Estamos atados por el pecado y no somos libres para guardar su ley. Cuando somos esclavos del pecado no podemos servir a Dios.

La tercera consecuencia es una conclusión de lo anterior. Todos somos culpables bajo la ley de Dios porque no podemos cumplirla. Nuestra culpa es una culpa real, no una culpa falsa. Sus normas nos declaran injustos. La carta de Santiago 2:10 dice: *"Porque cualquiera que guarda toda la ley, pero tropieza en un punto, se ha hecho culpable de todos."* ¿Por qué? Somos culpables porque todas las transgresiones y tropiezos son rebelión contra la ley de Dios. Imagine la ley de Dios como una cadena. Si rompemos un enlace, hemos roto toda la cadena. Y la cadena se rompió de Adán para abajo, hasta nosotros hoy. Todos somos pecadores. Una secuela de la consecuencia a tener en cuenta es que Dios ha dicho que no permitirá que el culpable quede impune; y todos somos culpables. Él ha dicho que castigará el pecado con la muerte.

En Ezequiel, el profeta dice que el alma que peca morirá (Ez. 18:20). ¿De qué almas habla? ¡Cada uno de nosotros! *"La paga del pecado es muerte" (Rom. 6:23).* Y en Apocalipsis, capítulo 20, vemos lo que significa esa muerte. ¿Qué es la muerte? *Es la separación eterna de Dios en el lago de fuego. Es el sufrimiento eterno, y no habrá fin ni remisión al sufrimiento.* Y este es el castigo absolutamente justo que todos merecemos. Así es como Dios castigará nuestra culpa. ¡Qué situación más difícil para todos!

Por último, reflexionar sobre la consecuencia de estar en pecado. Nuestra condición natural es la muerte espiritual, la ceguera espiritual y la incapacidad de creer por nuestra cuenta. Efesios 2:1 dice: *"Y El os dio vida a vosotros, que estabais muertos en vuestros delitos y pecados."* Los muertos no pueden elegir ni pueden responder. Sin embargo, a pesar de nuestra condición, Dios en su misericordia y su gracia nos hizo renacer (lit. resucitó) y nos dio vida. Definitivamente: ¡Solo Dios salva a los pecadores!

2

# DIOS SALVA A LOS PECADORES
# POR GRACIA SOLAMENTE

Gracia es una palabra muy común que se usa en las iglesias cristianas. Se utiliza de muchas maneras y puede ser un poco confuso a veces. Esta ambigüedad puede ser causada por todos los adjetivos que usamos para describir la gracia. Hablamos de la gracia soberana, de la gracia eficaz o de la gracia salvadora. Cantamos sobre la gracia increíble. Pero, a pesar de toda esta pluralidad de significados, ¿qué es la gracia, y cómo debemos entenderla?

Si nos volvemos al Nuevo Testamento en su original griego, la palabra que se usa para denotar gracia es ***charis***. Esta palabra se utiliza de manera diferente en varios contextos. El significado básico que nos trasmite es *la bondad, la buena voluntad o el favor de Dios hacia los* *pecadores.* La gracia es una actitud del corazón de Dios a través de la cual muestra al pueblo pecador su favor. Él es el Dios de la gracia. Él los está llamando y está dispuesto a ofrecerles su favor inmerecido.

De una manera sencilla, la gracia es el favor de Dios que se muestra a las personas que no lo merecen. Esta definición esta bien pero en realidad necesitamos reforzarla más. *La gracia es el favor de Dios, que no solo se muestra a las personas que no lo merecen, sino que favorece a los hombres y mujeres que merecen lo contrario: las personas que merecen el infierno.* No somos merecedores de la bondad de Dios, sino que merecemos su ira, pero recibimos su gracia en lugar de su ira.

Los reformadores dijeron que *la gracia es el favor de Dios que se le muestra al hombre a causa de Cristo, a causa de su obra y a causa de su justicia.* Por lo tanto, cuando decimos que Dios salva a los pecadores solo por gracia, queremos decir que no somos salvos por nuestro propio mérito. Nuestro 'mérito' merece la ira de Dios. Nuestro mérito es un total desmérito. Más bien, somos salvos porque Dios nos ha favorecido de una manera particular. Sin embargo, en otros contextos la palabra gracia tiene otros significados. En algunos contextos la gracia es el poder que fluye de Dios y nos sostiene. Pablo le dice a Timoteo: "*Tú, pues, hijo mío, fortalécete en la gracia que hay en Cristo Jesús*" (2 Tim. 2:1).

Incluso, una muy pequeña instrucción en la fe cristiana enseña el concepto de gracia. En la Biblia aprendemos que somos salvos por gracia. Esto aparece en muchos lugares. Por ejemplo, leemos en Efesios 2:8: *"Porque por gracia habéis sido salvados por medio de la fe, y esto no de vosotros, sino que es don de Dios."*

El término gracia está en todo el Nuevo Testamento, por lo que debemos tener un concepto claro de lo que significa y afirmarlo. En este punto de la exposición sería bueno hacernos las siguientes preguntas: ¿Qué significa ser salvo solo por gracia? ¿Qué significa que solo la gracia de Dios es la que salva a los pecadores? No hay duda de que la gracia de Dios es necesaria, pero, ¿es su gracia, su favor unilateral hacia nosotros, la causa de nuestra salvación desde el principio hasta el fin? La respuesta a esta última pregunta es un rotundo ¡Sí! Exploremos esto para recuperar el evangelio bíblico.

El gran reformador Martín Lutero fue fundamental para recuperar el evangelio bíblico hace quinientos años. Él escribió: "Si no sé cuánto hace Dios y cuánto hago yo en la salvación, nunca sabré cuánto alabar, adorar y servir a Dios y cuánto alabar, adorar y servirme a mí mismo." [1]

Su afirmación es muy cierta. Para reformular su afirmación, podemos decir que: *"Una comprensión adecuada de la gracia en la salvación eventualmente produce humildad, nos lleva a una humildad más profunda en el corazón y la mente, de modo que la reverencia a Dios se traduce en adoración, esperanza y motivación para servirle."* Esa comprensión de la gracia nos lleva glorificar a Dios por su salvación; nos muestra cuán grande es su amor y compasión hacia nosotros. En consecuencia, nos minimiza a nosotros. Si somos salvos por gracia, a través de la fe, eso no nos deja absolutamente nada de qué jactarnos.

En este punto es importante tener en cuenta que esta enseñanza de la salvación por gracia corresponde con precisión a la Biblia. No queremos estudiar ni afirmar esta verdad solo para estar en lo cierto. Este no es un juego filosófico o teológico y no pretendemos ganar un argumento. La certeza de que la salvación es solo por la gracia de Dios debe movernos a adorar y servir al Dios vivo con todo nuestro corazón, alma, mente y fuerza. Saber por las Escrituras que la salvación es por gracia y entender la magnitud del amor de Dios hacia nosotros en Jesucristo, es lo que nos mueve a adorar a Dios con total entrega.

La gracia siempre llega a cada ser humano en el contexto de la desesperación absoluta y la rebelión contra el Dios Altísimo. Antes de que encontremos la gracia, o más bien, antes de que la gracia nos encuentre, estamos totalmente desesperanzados e indefensos. La gracia nos ha arrebatado del infierno solo por el favor de Dios y solo por su amor.

El impacto asombroso de un encuentro con el amor infinito e incondicional de Dios devasta nuestro orgullo y nos lleva a rendir nuestros corazones. Este amor es tan inesperado, tan inmerecido, tan increíblemente magnífico, que agarra nuestros corazones y nos conduce a Cristo, para adorarlo y para servirle. Cuando llegamos a ser cristianos, experimentamos la realidad de este nuevo nacimiento. Sin embargo, no entendemos necesariamente lo que es en todos sus detalles. Llegamos a saber que hemos nacido de nuevo, pero no podemos entender todo lo que participó y alcanzamos en este nuevo nacimiento; así como un niño no entiende todos los detalles de su nacimiento, nosotros tampoco entendemos todo, sino que aprendemos, pero aprendemos después de haber nacido. Experimentamos el gran milagro de la salvación, pero entendemos la gracia que lo causó a medida que maduramos.

El Apóstol Pablo habla de esto de muchas maneras en la Carta a los Efesios. Él describe la salvación desde el punto de vista de Dios. Él dice:

*Por esta causa, pues, doblo mis rodillas ante el Padre de nuestro Señor Jesucristo, de quien recibe nombre toda familia en el cielo y en la tierra; le ruego que Él les conceda a ustedes, conforme a las riquezas de Su gloria, el ser fortalecidos con poder por Su Espíritu en el hombre interior; de manera que Cristo habite por la fe en sus corazones. También ruego que arraigados y cimentados en amor, ustedes sean capaces de comprender con todos los santos cuál es la anchura, la longitud, la altura y la profundidad, y de conocer el amor de Cristo que sobrepasa el conocimiento, para que sean llenos hasta la medida de toda la plenitud de Dios (Efesios 3:14-17).*

Independientemente de nuestra ignorancia en ese momento, no hemos ni empezado a tocar las profundidades de este misterio y esta misericordia que provienen de Dios. Así que, exploraremos la anchura, la longitud, la altura y la profundidad del amor de Cristo, que sobrepasa todo conocimiento, desde ahora y por toda la eternidad. Pablo oró por los efesios y por todos los creyentes para que esta sea nuestra experiencia. Y esa experiencia es que entenderíamos el amor de Dios hacia nosotros en Cristo.

Como resultado, aunque ya somos cristianos, necesitamos crecer en nuestra comprensión de la gracia. Reflexionando sobre esta salvación gloriosa que ha ocurrido en nosotros, Pablo se lanza a una doxología de alabanza y dice:

*Y a Aquél que es poderoso para hacer todo mucho más abundantemente de lo que pedimos o entendemos, según el poder que obra en nosotros, a Él sea la gloria en la iglesia y en Cristo Jesús por todas las generaciones, por los siglos de los siglos. Amén (Ef. 3:20).*

La sola gracia es gloriosa, magnífica y asombrosa. Justo aquí está la razón por la que necesitamos explorar la sola gracia en la salvación. Queremos que esta doctrina, correctamente entendida, nos lleve a la verdadera devoción. *Comprender la verdad con nuestra mente no es el fin; es un medio para el fin, que es la adoración de Dios.* La verdad de la sola gracia debe moverse por el Espíritu de Dios para dar a Dios gloria y alabanza, y para servirle con total entrega a causa de la gratitud que sentimos por su amor hacia nosotros. *Esta doctrina irremediablemente conduce a la devoción más profunda hacia Dios.*

Dios salva a los pecadores solo por gracia. La causa única de que nuestras almas han sido salvadas, del principio al fin, es la pura gracia inmerecida de Dios. Debemos comenzar a mirar a su gracia de esta manera. Debido a que el tema es tan enorme, dividiremos la gracia de Dios hacia nosotros en períodos de tiempo. Desde la perspectiva de un cristiano, veremos la gracia del pasado, la gracia presente y la gracia futura.

## I. La Gracia Pasada

Primero, ¿cómo nos trató la gracia de Dios en el pasado? Cuando Pablo declara en Efesios 2:8-9: "*...por gracia habéis sido salvos*", esto señala la experiencia pasada de los cristianos. Como creyentes convertidos a Jesús, hemos sido salvos por medio de la fe. Pero ¿cuán atrás en el tiempo estaba la gracia de Dios? ¿Inicia en el punto de nuestra conversión? ¡No! La gracia no comenzó para nosotros en nuestra conversión. No empezó para nosotros cuando nacimos, ni comenzó hace casi 2000 años con la encarnación y la obra de Jesús en su primera venida. Pablo dice en Efesios capítulo uno que la gracia de Dios estaba trabajando en nuestro favor antes de la fundación del mundo.

*Bendito sea el Dios y Padre de nuestro Señor Jesucristo, que nos ha bendecido con toda bendición espiritual en los lugares celestiales en Cristo, según nos escogió en Él antes de la fundación del mundo, para que fuéramos santos y sin mancha delante de Él. En amor nos predestinó para adopción como hijos para sí mediante Jesucristo, conforme al beneplácito de su voluntad, para alabanza de la gloria de su gracia que gratuitamente ha impartido sobre nosotros en el Amado. En Él tenemos redención mediante su sangre, el perdón de nuestros pecados según las riquezas de su gracia que ha hecho abundar para con nosotros, en toda sabiduría y discernimiento (Ef. 1:3-8).*

Claramente, Pablo dice que la gracia de Dios estaba en marcha mucho antes de que viniéramos a escena. Estaba en funcionamiento antes de la encarnación o la cruz. Si realmente hemos experimentado el favor de Dios hacia nosotros, entonces, como creyentes, estábamos en su vista antes de que el mundo fuese creado. En el griego original, toda esta afirmación que hace Pablo es parte de una larga oración. Curiosamente, el sujeto de todos los verbos que aparecen en esta larga oración es Dios mismo. Él nos escogió y nos predestinó. Él es el sujeto que realiza toda la acción en la obra de salvación.

Además, vemos frases como *"conforme al beneplácito de su voluntad"*. Aquí está la base de su elección: la buena intención de su voluntad que es el fundamento de su gracia. ¿Para qué es entonces su gracia? Es para la alabanza de la gloria de su gracia. Es gracia sobre gracia.

El propósito de su gracia para nosotros es que la gloria de su obra de gracia pueda ser exaltada por toda la eternidad. Dios va a mostrar a la iglesia y a cada uno de sus hijos que la componen como un trofeo. Todos los millones de creyentes de todos los tiempos vivirán para la alabanza de la gloria de su gracia. No habrá orgullo, no habrá jactancia, no habrá ninguna afirmación de nuestros esfuerzos humanos, ni de nadie dando gloria a nadie más que a Dios mismo.

Sin embargo, es importante profundizar en estas frases: *"...conforme al beneplácito de su voluntad..."* y *"...para alabanza de la gloria de su gracia..."*. Debemos profundizar en las frases porque el concepto de gracia resulta más familiar cuando se relaciona con la doctrina de la elección. La gracia surge a menudo con relación a Dios, que elige a algunos para la salvación y no a otros. La cuestión no es que escoge algunos para la salvación. Hay muchos versos que claramente dicen que Dios escoge. Los cristianos son llamados los elegidos en el Nuevo Testamento. Bajo el antiguo pacto, Dios escogió a Israel. Dios dijo a Israel: *"El Señor no puso su amor en vosotros ni os escogió por ser vosotros más numerosos que otro pueblo, pues erais el más pequeño de todos los pueblos; mas porque el Señor os amó y guardó el juramento que hizo a vuestros padres..."* (Deut. 7:7-8). Él escogió a Abraham (Gén. 12:1-3).

Los escogidos en el Nuevo Testamento son llamados los elegidos y ya observamos que Dios nos escogió antes de la fundación del mundo. Los conceptos de elección son correctos en la Biblia, por lo tanto, tenemos que hacer algo con ellos. La cuestión no es que existe o no la elección, sino más bien, ¿por qué Dios elige a algunos para la salvación y no elige a otros? Es aquí donde surge la dificultad.

Debemos discutir este tema con ternura pastoral, porque muchos, si no la mayoría de nosotros, no lo creyeron en un momento dado. Tuvimos problemas con la doctrina de la elección. Y muchos todavía no creen en la salvación solo por gracia. Aquellos que sostienen esa opinión podrían decir que Dios nos ha escogido porque previó que llegaríamos a creer. Porque Dios previó esa elección nuestra, por eso nos escogió. Es como si Dios mirara a través del tiempo, y viera dentro de nuestros corazones antes de que fuéramos creados y dice: "*Yo sé que éste creerá, así que yo lo elegiré. Sé que él llegará a creer, esa es la razón por la que lo estoy eligiendo*".

Digo esto con ternura, pero debo decirlo: *creo que esta visión es trágicamente defectuosa*. Hay al menos dos razones para decir eso. La primera razón es esta: tal visión no reconoce la condición pecaminosa de la humanidad e ignora la profundidad de nuestra depravación. Toda la humanidad está espiritualmente muerta en delitos y pecados. En Efesios 2 vemos que el hombre esta muerto y ciego espiritualmente. El primer acto que tiene que ocurrir es que Dios debe abrir nuestros ojos para que veamos su salvación. Romanos 8:7-8 enseña que somos hostiles a Dios. No nos someteremos a la ley de Dios, ni siquiera somos capaces de hacerlo. Esa es una declaración de incapacidad total. Aquellos que están muertos no toman la iniciativa. Sin embargo, somos criaturas profundamente religiosas. Cuando muchos parecen estar buscando a Dios, lo que realmente buscamos es nuestra propia religión. Tratamos de calmar nuestras conciencias. No queremos al Dios vivo, por lo que nos creamos ídolos en su lugar.

No buscamos al Dios verdadero, el Dios de la Biblia. Más bien inventamos dioses de nuestra propia imaginación y esperamos que alivien el dolor en nuestra alma. La Escritura dice que nadie busca el verdadero Dios por sí mismo (Rom. 3:11). Como resultado, nuestra opinión de que Dios mira a través del tiempo y ve nuestra fe y nos elige, es errada. Esta enseñanza no reconoce el hecho de que si hay alguna fe en nosotros que Dios ve a través del tiempo es porque él la puso en nosotros. Debemos reconocer que estamos espiritualmente muertos en nuestros delitos, y los muertos no tienen la capacidad de elegir nada. Jesús claramente dijo que debemos nacer de nuevo o no entraremos en el reino de Dios (Jn. 3:3). Somos pasivos en este proceso, nI lo podemos iniciar y ni lo podemos controlar. Debemos nacer de lo alto, eso es lo primero. Esto puede ser un choque para muchos, pero cuando aceptamos esta verdad la gloria de Dios es exaltada y se nos quita un gran peso de nuestros hombros. La salvación es del Señor. No es nuestra responsabilidad salvarnos a nosotros mismos. El Padre nos atrae a su Hijo. Dios tomó la iniciativa mientras estábamos espiritualmente muertos.

Aquí está el primer defecto de este punto de vista que dice así: "Sí, creo en la elección, pero creo que Dios elige a aquellos que él prevé que llegarán a creer por sí mismos". El defecto es que este punto de vista es que no es justo para Dios. Tampoco hace justicia a la condición pecaminosa del hombre. El hombre tiene una determinación, pero está dividido, está esclavizado y está controlado por el pecado y es absolutamente incapaz de elegir a Dios. *"… nadie puede decir: Jesús es Señor, excepto por el Espíritu Santo (1 Cor. 12:3)."* Esto significa que para proclamar el señorío de Cristo en nuestras vidas de una manera significativa se requiere que el Espíritu Santo nos regenere primero.

El segundo defecto con este punto de vista es que condiciona la gracia de Dios. Eso significaría que la gracia de Dios depende de la respuesta del hombre, y si eso fuera cierto, la gracia no sería gracia. La gracia es un favor concedido a los que no lo merecen; y su otorgamiento es a discreción de aquel que lo está dando. De nuevo, siguiendo la lógica, si Dios escogiera a aquellos que lo habían elegido primero, entonces no sería de gracia ni sería realmente una elección de su parte, sino un simple reconocimiento por la fe de los hombres. En este caso, Dios se vería obligado a reaccionar ante el hombre si el hombre hacía ciertas cosas.

Pero como señala Efesios 1, Dios nos designa y nos escoge de acuerdo con la intención bondadosa de su voluntad, no según nuestras acciones o confesiones hechas por parte de nosotros. Dios es Dios y no necesita nada fuera de su propia voluntad para que lo motive a actuar u obligue a reaccionar. La soberanía de Dios significa que él lo gobierna todo. Dios es libre. Cuando hablamos de libertad acerca de Dios, estamos diciendo que él es capaz de hacer absolutamente todo lo que él quiere. En nuestro orgullo, no podemos pensar de esa manera.

Cuando algunas personas luchan con esto y comienzan a sentir que suena injusto, no están pensando claramente acerca de la soberanía de Dios. Ellos piensan así: ¿Cómo puede Dios hacernos responsables si desde antes de la fundación del mundo ha escogido a algunos y no a otros? Pablo responde a esa pregunta en Romanos 9:19-20. Él argumenta que quiénes somos nosotros para cuestionar a Dios. "*Porque ¿quién resiste a su voluntad? Al contrario, ¿quién eres tú, oh hombre, que le contestas a Dios? ¿Dirá acaso el objeto modelado al que lo modela: ¿Por qué me hiciste así?*" Pablo continúa señalando la conclusión obvia de que Dios tiene misericordia de quien él tiene misericordia y endurece a aquellos a quienes endurece. *Él es soberano, y si quiere preparar algunos vasos para la misericordia, y otros vasos para la ira, esa es su prerrogativa que tiene como Dios.*

Por lo tanto, podemos concluir que la definición de Pablo de la gracia es muy diferente de cómo lo definimos como un hombre natural. Según Pablo, la gracia de Dios era activa antes de la fundación del mundo. Era operativa hacia nosotros individual y personalmente. Él decidió amarnos porque es amor, y así, según la bondad de su voluntad nos separó para sí mismo. Esto debe humillarnos absolutamente.

Debemos estar inundados y abrumados por el temor. "¿Por qué me escogiste a mí, Señor?" Bueno, es cierto que no hay nada en mí que lo haya provocado para otorgar tanta bondad. "¿Por qué yo?" Solo puedo decir: Porque Dios es amor y él me escogió. Eso es lo más lejos que podemos ir para encontrar una razón. Dios nos ama porque nos ama. Nuestro orgullo tiende a pasar un tiempo difícil para aceptar esto. Lo que nuestro orgullo quiere decir es: Él me amó porque lo amé primero. Pero esta afirmación está totalmente equivocada. El Apóstol Juan en su primera carta dice así: *"Nosotros lo amamos, porque Él nos amó primero" (1 Jn. 4:19)*. Lo que sucede habitualmente es que nuestro orgullo comprende esto al revés.

Ahora, necesitamos aclarar un malentendido que este aspecto del evangelio podría crear cuando la gente oye hablar de la gracia en la eternidad pasada. Esto puede ser confuso porque Dios trasciende el tiempo y nosotros vivimos en el tiempo. Puede hacernos creer erróneamente y minimizar el amor de Dios, reduciéndolo de alguna manera y haciéndolo sonar como un tirano. En este malentendido, algunos pueden imaginar una masa de humanidad que se apresura a la puerta del cielo golpeando y golpeando, pidiendo la admisión y diciendo: - Oh Dios, por favor, déjame entrar, ten piedad de mí... Déjame entrar, déjame entrar. Se imaginan que Dios rechaza a tales personas. Este es definitivamente un malentendido. Y en tal vanidad de su imaginación se imaginan a Dios diciendo: -Lo siento por no haberte elegido. El otro lado es que ellos también imaginan que algunas personas están corriendo de cabeza al infierno, gritando: -No me lleves al cielo, por favor. Y, sin embargo, Dios arrastra a esa gente, diciendo: -Lo siento, pero te he elegido, así que tendrás que entrar. Tal visión disminuye drásticamente la gracia soberana de Dios y su amor.

La verdad es que la gracia soberana no minimiza el amor de Dios ni fuerza a la gente contra su voluntad; sino que hace exactamente todo lo contrario. Esta no minimiza el amor de Dios, pero sí minimiza el orgullo del hombre. Nosotros creemos, en nuestra arrogancia, que somos capaces de averiguarlo todo. Pero en este caso, no podemos resolverlo por nuestra propia cuenta.

Las Escrituras nos presentan una imagen diferente de la realidad de los seres humanos. La Biblia muestra a toda la humanidad con los dedos en los oídos, corriendo hacia delante y alejándose del cielo. Ninguno está llorando y suplicando a Dios que tenga misericordia de ellos. Y en nuestra autonomía todos estamos tomando nuestro propio camino, que inevitablemente conduce al infierno.

Este es el cuadro espantoso de la raza humana, y nuestra historia. No clamamos para entrar en el cielo, sino que nos alejamos. Y es Dios quien dice: -Quiero mostrarles mi gracia y exaltar la gloria de mi nombre. Yo enviaré a mi Hijo. He elegido una gran multitud que nadie puede contar de entre todos los pueblos. En tal caso, nuestra respuesta arrogante es decir: -¿Por qué no eliges a todo el mundo? La respuesta de Dios es sencilla: -Es mi prerrogativa elegir; tú no lo entiendes, pero traerá mayor gloria a mi nombre.

El libro de Apocalipsis enseña que Dios ha escogido una multitud que nadie puede contar de entre todos los miles de millones de personas que han vivido en este mundo (Apoc. 7:9) y ha enviado a su Hijo a la tierra a salvarlos, dándoles así la justicia que ellos necesitan pero no tienen. Todos necesitamos una justicia que no tenemos; Jesucristo, el Hijo de Dios, que es perfectamente justo, ha venido y lo ha ganado por nosotros. Fue enviado a vivir la vida perfecta en obediencia a la ley, fue enviado como el Cordero de Dios sin pecado para convertirse en nuestro sustituto, para que la justicia que él compró pudiera ser nuestra.

Jesús vino cumplió toda justicia y satisfizo la justicia de Dios.

¿Y nuestra culpa? La culpa de nuestro verdadero pecado ha sido pagada, la justicia ha sido satisfecha, y una vez que la justicia se ha cumplido, la ley está satisfecha. No tenía más derecho de culparnos por no cumplirla. Jesús fue nuestro sustituto. Nuestros pecados no quedan impunes; son castigados en nuestro sustituto. Nosotros mismos no podemos perdonarnos nuestros pecados y no podemos excusar nuestros pecados. El juicio de Dios es justo y completamente justo. Es por eso que él solo puede aceptar la justicia perfecta que solo el Hijo perfecto de Dios posee. Jesús escogió actuar a nuestro favor y toda nuestra culpa y nuestro pecado le fue contada él. Jesús pagó toda la deuda de justicia que nosotros teníamos con Dios.

Dios hizo a Jesús (que no conoció pecado) pecado por nuestro favor (2 Cort. 5:21). Luego, en la cruz, Dios derramó toda su ira que el pecado mereció sobre su Hijo inocente. No era gracia barata. Le costó al Hijo de Dios una muerte terriblemente dolorosa y horrible. Nuestro pecado fue real y totalmente imputado a él. Jesús sufrió una muerte real en la cruz. Toda la ira de Dios y todo el odio de Dios por el pecado fueron derramados sobre Jesús, por nuestro bien. Él nos escogió, pero este fue el precio que pagó. El Padre volvió su rostro porque no podía soportar verlo. Jesús fue castigado por nuestro pecado y cumplió con su misión redentora.

El Dios Trino sabía que, aunque la redención había sido cumplida y se había ganado la justicia por los pecadores, todavía estábamos muertos, sordos, mudos, ciegos y corríamos de cabeza hacia el infierno. Se necesitaba más. La redención que Jesucristo realizó en la cruz tuvo que ser dada como un regalo de gracia. Por lo tanto, Dios estuvo de acuerdo en que una vez que la salvación hubiera sido cumplida, el Padre y el Hijo enviarían al Espíritu Santo y este aplicaría la salvación que se había ganado. Pero el Espíritu Santo lo aplicaría solamente a aquellos a quienes Dios en su gracia había escogido.

En el libro de Hechos se nos dice que Pablo estaba predicando un día. Entonces Lucas dice que Dios abrió el corazón de Lidia para que entendiera las cosas que estaba hablando Pablo (Hch. 16:14). Ella tuvo una experiencia de nuevo nacimiento, entendió y creyó en el evangelio. Cada uno de nosotros está siguiendo los ídolos de nuestros corazones. Se necesita un acto soberano y poderoso de parte de Dios para hacernos volver de nuestro pecado. Cuando esto ocurre, entonces creemos. Nuestras experiencias subjetivas pueden variar ampliamente, pero la Escritura enseña que esto es un verdadero milagro que Dios mismo realiza en nosotros. Él nos ilumina y recibimos a nuestro Salvador y Señor. Entonces, comenzamos a caminar con Dios en amor y nos regocijamos por vivir para su gloria.

¿Está aclarado el malentendido? La elección no mantiene a nadie fuera del cielo. La elección es la única manera de llevar a los muertos y a los que están ciegos por el pecado al cielo. Solo por la gracia de Dios vamos a ir al cielo, y solo él asegura y garantiza que iremos. Efesios 2:3-5 nos dice que: *"…éramos por naturaleza hijos de ira, lo mismo que los demás. Pero Dios, que es rico en misericordia, por causa del gran amor con que nos amó, aun cuando estábamos muertos en nuestros delitos, nos dio vida juntamente con Cristo ."* Nosotros hemos recibido esto como un favor de Dios. No lo merecíamos, pero la gracia fue asegurada en la cruz por Jesucristo. La gracia de Dios y la obra del Espíritu Santo nos imputaron la justicia ganada por Jesús. Si somos cristianos, esto es por la gracia de Dios en el pasado. Esto de por sí es abundante gracia. Pero también hay gracia de Dios en el presente, aquí y ahora.

## II. La Gracia Presente

La Biblia habla de nuestra salvación en tres tiempos: pasado, presente y futuro. Fuimos salvados, estamos siendo salvados, y seremos salvos en el día de la ira. Hasta ahora hemos explicado cómo la gracia de Dios nos ha salvado en el pasado, cuando nos convertimos y fuimos traídos a la fe, que fue únicamente por gracia de Dios. Pero, ¿qué pasa ahora? ¿Hay gracia presente?

Dios no nos salva y nos abandona como niños espirituales. Él no nos deja solos para que hagamos nuestro camino al cielo. La promesa de Dios es que ahora estamos en su gracia y más de su gracia nos es prometida para el futuro. La gracia que hemos recibido sella una promesa de un estado inmutable. La gracia es para siempre. Nuestro estatus y posición con Dios no serán alterados y con su gracia recibimos la promesa de un poder transformador.

Consideremos primero que nuestro estatus con Dios es eternamente inmutable. En Romanos capítulo 5: 1-2 tenemos una visión de esta gracia presente en la que ahora estamos. Pablo dice: *"Por tanto, habiendo sido justificados por la fe, tenemos paz para con Dios por medio de nuestro Señor Jesucristo, por medio de quien también hemos obtenido entrada por la fe a esta gracia en la cual estamos firmes…"*. Hemos sido declarados inocentes y exonerados por la fe en Cristo solamente. Solo por gracia hemos sido justificados y estamos en este estado presente de gracia, en el cual estamos ante Dios declarados no culpables, aunque somos culpables. Hemos sido declarados no culpables por la obra de Cristo y su justicia que él nos ha dado. La gracia presente que tenemos y en la que estamos es la gracia de haber sido justificados por la fe en Cristo.

Tenemos que preguntarnos, a medida que los sentimientos y la euforia de la conversión comienzan a desvanecerse, ¿cómo esta fe nuestra resistirá a través de las pruebas? ¿Podremos ir hasta la eternidad? Pablo enumera cinco consecuencias específicas o resultados de haber sido justificados por la fe, en virtud de la sola gracia de Dios.

En Romanos 5:1, el primer resultado es que ahora tenemos *paz* con Dios. La hostilidad entre Dios y nosotros ha sido eliminada, y la guerra ha terminado. La segunda consecuencia es que nos *regocijamos en la esperanza de la gloria de Dios*. Lo que esto significa es que sabemos con seguridad que un día veremos la gloria de Dios y que disfrutaremos de ella. Esta esperanza nos sostiene. En tercer lugar, también nos *regocijamos en nuestras tribulaciones*. Eso suena un poco confuso. ¿Cómo podemos alegrarnos incluso en la tribulación? Podemos hacerlo porque hemos sido justificados por la fe. Por lo tanto, sabemos que Dios nos ha perdonado y todas las pruebas y tribulaciones que experimentamos traen consigo perseverancia. Y nuestra perseverancia nos dará una mayor confianza en la gracia de Dios. En otras palabras, a causa de esta esperanza segura, cualquier prueba que nos llegue solo nos hará más fuertes. Estas tribulaciones nos ejercitan y nos fortalecen, como un atleta en pleno entrenamiento. Por lo tanto, podemos gozarnos incluso en las tribulaciones. En cuarto lugar, nos alegramos de que ni siquiera el *día de la ira nos vencerá*. Dios nos ha librado de ella. Luego también, en quinto lugar, nos regocijamos en *Dios mismo*. Cinco consecuencias de ser salvados por la gracia nos dan una excelente esperanza para continuar.

Nuestra condición de ser salvos solo por gracia a través de la fe es un privilegio incalculable. Debido a esto, la palabra de Dios dice que incluso nuestros fracasos y nuestros tropiezos, por su gracia, trabajan juntos para nuestro bien. No importa lo difícil o rocoso que sea nuestro camino, no importa cuántas flechas ardientes el diablo nos lance. Nada, absolutamente nada, puede cambiar el estatus que tenemos con Dios. Hemos sido aceptados por Dios, justificados por la fe, y eso es por toda la eternidad.

Pablo detalla esto en el capítulo 8 del libro de Romanos. Él dice:

> *Entonces, ¿qué diremos a esto? Si Dios está por nosotros, ¿quién estará contra nosotros? El que no eximió ni a su propio Hijo, sino que lo entregó por todos nosotros, ¿cómo no nos concederá también con Él todas las cosas? ¿Quién acusará a los escogidos de Dios? Dios es el que justifica. ¿Quién es el que condena? Cristo Jesús es el que murió, sí, más aún, el que resucitó, el que además está a la diestra de Dios, el que también intercede por nosotros (Romanos 8:31-34).*

¿Cómo puede estar amenazada nuestra salvación ahora que Dios es aquel que nos ha justificado, y su Hijo, que tiene toda autoridad en el cielo y en la tierra, es aquel que nos juzga? Mientras tanto, Jesús intercede por nosotros a la diestra del Padre. ¡Él está por nosotros y no contra nosotros!

Nuestra salvación es inmutable. Y la razón fundamental es que Dios es por nosotros. Si dependiera de nuestros esfuerzos, estaríamos en verdaderos problemas. Si este fuera el caso, podríamos perderla, pero Dios en Cristo lo hace por nosotros. Y su obra permanece para siempre.

Junto con esta bendición de nuestro estado inmutable con Dios, está la promesa del poder transformador que él trae dentro de nosotros. Creceremos y seremos transformados espiritualmente. Venceremos la presencia del pecado en nuestras vidas. Seremos transformados progresivamente en la imagen de su Hijo.

En algunos pasajes, la gracia de Dios es el poder que fluye de Dios mismo. Pablo dice en 2 Timoteo 2:1: *"Tú, pues, hijo mío, fortalécete en la gracia que hay en Cristo Jesús."* En 2 Corintios 2:9 dice: *"Mi gracia te basta."* Su gracia nos sustentará. Hebreos 4:12 dice: *"Acerquémonos al trono de la gracia con confianza para que podamos recibir misericordia y hallar gracia para ayudarnos en el tiempo de la necesidad".* Así que la promesa de Dios es que su gracia sea la gracia presente. Y esta gracia está disponible para nosotros como una fortaleza que abundará a nuestro favor y nos permitirá crecer y soportar pruebas. Esta gracia nos hará vencer el pecado que permanece en nuestras vidas, y lentamente, pero seguro, nos transformará a la imagen de su Hijo.

En 2 Corintios 9:8 otra vez dice: *"Y Dios puede hacer que toda gracia abunde para vosotros, a fin de que teniendo siempre todo lo suficiente en todas las cosas, abundéis para toda buena obra…"*. Pablo dice en 1 Corintios 15:10: *"Pero por la gracia de Dios soy lo que soy, y su gracia para conmigo no resultó vana; antes bien he trabajado mucho más que todos ellos, aunque no yo, sino la gracia de Dios en mí."*

De ninguna manera quiero animarlo a pecar. Sin embargo, nunca pecaremos más allá de esta gracia. Algunos todavía necesitan entender esto. En Romanos 5:20 dice que donde abunda el pecado, sobreabunda la gracia. Si el pecado es la montaña más alta del mundo, entonces la gracia es el diluvio que cubrió el mundo. El pecado es la oscuridad que no puede vencer a la luz, que es la gracia de Dios, la cual sobreabundará siempre.

El primer pensamiento que salta a la mente cuando alguien oye esto es que es demasiado bueno para ser verdad. Debido a que estamos tan habituados a pecar por naturaleza, inmediatamente pensamos en esta pregunta perversa: -¿Qué me impide salir y pecar aún más? Es un pensamiento natural, pero también es perverso. La lógica retorcida dice así: -Si no soy salvo por mis méritos y soy salvo por los méritos de Cristo, y entonces cada vez que peco su gracia sobreabunda para conmigo, entonces ¿por qué no corro y peco aún más?

La gente ahora y siempre ha malinterpretado la gracia. Es por eso por lo que Pablo enseñó en Romanos 6 que la gracia nos libera de la culpa del pecado y del poder del pecado. Nos ha unido a Cristo. Ahora tenemos un nuevo corazón, nuevos afectos y la gracia va a seguir cambiándonos. Por lo tanto, estamos agradecidos porque Dios nos amó y seremos movidos al cambio y a no deleitarnos más en el pecado. Poco a poco iremos tras nuestro Padre celestial.

Nunca debemos pensar en la salvación como algo que merecemos. Se gana y se merece, pero Cristo es aquel que la gana y la merece, no nosotros. Para nosotros, la salvación es dada como un don de Dios para que él reciba toda la gloria. Ningún hombre natural jamás hubiera concebido unas buenas noticias como estas, pero este es el evangelio de Dios. Solo porque Dios es bondadoso y todopoderoso los hombres se convierten. Solo porque Dios es misericordioso, los pecados son perdonados y solo porque Dios es misericordioso, los pecadores son cambiados, purificados y luego finalmente glorificados. Todo esto es solo porque Dios el evangelio es de Dios.

Este evangelio, esta buena noticia, no solo ilumina nuestra mente. No solo debemos entender la importancia y el poder del evangelio, debemos creer y actuar de acuerdo a este. Debemos mirar al Señor Jesucristo y confiar en él confesando nuestros pecados y arrepentirnos de ellos. Este es el camino de salvación de Dios. Jesús todavía nos está diciendo: *"En verdad, en verdad os digo: el que oye mi palabra y cree al que me envió, tiene vida eterna y no viene a condenación, sino que ha pasado de muerte a vida" (Juan 5:24)*. Esa es literalmente la palabra de Dios, y no una idea humana. Debemos asirnos de la palabra de Dios, confiar en él y creer que Dios sigue trayendo salvación a la humanidad. Esto Dios lo hace solo por gracia.

## III. La Gracia Futura

Por último, también hay gracia todavía por venir. En el futuro nos espera más abundante gracia. Él da gracia sobre gracia. Estamos viviendo nuestras vidas ahora en el punto entre las dos líneas del viejo himno Sublime Gracia: "Fue la gracia que nos trajo a salvo hasta ahora.

Y la gracia que nos llevará a casa (traducción literal del inglés)." Allí estamos, en este minuto, viviendo en medio de ese océano de gracia, esperando y anticipando más gracia que está por venir.

La gracia futura que Dios nos ha prometido es muy sencilla. Es en primer lugar la gracia que nos da seguridad ante Dios y estamos recibiendo ahora mismo. Es la gracia que nos permite permanecen en Cristo y nos está dando el poder de crecer y cambiar como cristianos. Esta gracia nunca se agota. Dios nunca renuncia a nosotros y nunca dirá: -¡Basta, se acabó! Esta gracia dura por todos los días que estemos en esta tierra y por toda la eternidad. Dios nos ha prometido esto y no puede mentir (1 Ped. 5:10).

En otras palabras, tenemos que recibir este regalo de la gracia de Dios por medio de la fe. "*El justo por la fe vivirá.*" Debemos ser conscientes que, aunque todo el mundo que nos rodea se está deteriorando delante de nuestros ojos, incluyendo nuestros propios cuerpos, sin embargo, debemos creer que Dios nos ha prometido un nuevo mundo y un nuevo cuerpo. Y Dios nos dará lo que ha prometido a su debido tiempo.

Dios nos dará gracia para soportar o escapar de las presiones y pruebas que estamos atravesando ahora. Dios nos dará gracia aun para las pruebas que están por venir. Su gracia nunca se acabará. Cualesquiera que sean las presiones, las pruebas y los problemas que afrontemos en este mundo la gracia de Dios nos sustentará. Debemos mirar a Dios y debemos orar para que nuestra fe esté en él y en el cumplimiento de sus promesas. Debemos dejar de mirar y confiar en nuestro propio poder.

Dios es fiel hasta el fin. Él nos ama y la promesa de su gracia nos llevará a través de toda esta vida, a través de los portales de la muerte, y hasta después de la muerte nos sostendrá en el día del juicio final. ¡Y aún más, su gracia nunca, nunca, nunca se agotará!

Incluso nosotros, los cristianos, morimos, pero su gracia no nos abandonará, ni en la muerte ni en la eternidad. Al igual que para otros, la muerte implica dolores físicos, miedos, penas y angustias. Todas estas agonías en nuestra última prueba en la vida pueden ser enfrentadas con valor apropiado debido a las promesas de la gracia de Dios. Pablo hacia el final de su vida se dio cuenta de cómo Dios lo había librado una y otra vez. Él nos dijo:

> *Porque sabemos que si la tienda terrenal que es nuestra morada, es destruida, tenemos de Dios un edificio, una casa no hecha por manos, eterna en los cielos. Pues, en verdad, en esta morada gemimos, anhelando ser vestidos con nuestra habitación celestial; y una vez vestidos, no seremos hallados desnudos. Porque asimismo, los que estamos en esta tienda, gemimos agobiados, pues no queremos ser desvestidos, sino vestidos, para que lo mortal sea absorbido por la vida. Y el que nos preparó para esto mismo es Dios, quien nos dio el Espíritu como garantía. Por tanto, animados siempre y sabiendo que mientras habitamos en el cuerpo, estamos ausentes del Señor (porque por fe andamos, no por vista)... (2 Corintios 5:1-7).*

En este pasaje, Pablo comparte su secreto de cómo es capaz de enfrentar la muerte sin desconfianza. Él puede seguir confiando en que Dios lo ha traído hasta aquí debido a que él ha recibido el Espíritu Santo como una promesa y debido a su larga experiencia de caminar por la fe y permanecer en la palabra de Dios. Pablo se enfocó en la verdad de lo que Dios le había dado y que él no podía ver, ni tocar. Por lo tanto, Pablo confía en que tendrá otra morada, un nuevo cuerpo en el cielo.

La muerte trae más gracia para los cristianos y es una puerta hacia la presencia de Dios. Debido a que somos imperfectos, podemos tener una sensación de miedo y cierta aprensión ante la muerte, pero en el momento en que necesitemos su gracia para consolarnos, allí estará. Dios no obra de la misma manera con cada persona. Algunos creyentes mueren valientemente con coraje y fortalecidos en la gracia de Dios. Algunos deben luchar contra los temores de enfrentar la muerte. Pero para los malvados y para los que no tienen fe en Cristo, la muerte es una realidad espantosa, será una puerta ante la presencia de un Dios enojado que los juzgará por toda la eternidad.

Finalmente, podemos confiar en la gracia futura de Dios porque él nos llevará con seguridad a través del juicio final. A nosotros se nos promete la redención por su gracia cuando Dios derrame su ira sobre este mundo pecaminoso. En ese día terrible, su gracia será traída a nosotros y será suficiente para mantenernos seguros y protegidos por la justicia de Cristo. En 1 Pedro 1:13 leemos: *"Por tanto, ceñid vuestro entendimiento para la acción; sed sobrios en espíritu, poned vuestra esperanza completamente en la gracia que se os traerá en la revelación de Jesucristo."* Hay más gracia aún por venir. El favor y la gracia de Dios no son solo para el pasado y el presente, sino que continuarán con nosotros por la eternidad.

La gracia viene ahora para que podamos ser libres y en el día de nuestra muerte no tener temor de ella. El miedo a la muerte ha mantenido a la gente en la esclavitud y en la desconfianza. Como cristianos hemos caminado con Dios, le hemos servido y nos ha dado gracia en todo el camino. Ahora, por lo tanto, tenemos una segura y cierta esperanza de que esta gracia continuará para nosotros hasta la eternidad. La fe en la gracia continuará. Dios nos puede librar de todas las cosas que nos atan a este mundo, comprendiendo que es más importante y más valioso tener a Cristo como nuestra herencia más completa. La fe se alimenta de la esperanza segura de que la gracia de Dios será siempre más abundante. Podemos confiar en su provisión futura y estar cada vez menos ansiosos por cualquier cosa que sucederá.

Para algunos es nuevo este mensaje de que Dios salva a los pecadores solo por gracia. Recíbanlo como la buena noticia que es. La invitación a ustedes está abierta: ¡Vengan y reciban libremente! No puedes ganar el perdón y no puedes ganar tu camino al cielo, pero Dios te lo ofrece gratuitamente como un regalo de su gracia soberana. Muchos otros ya saben que Dios salva solo por gracia. Esta reflexión debe refrescar su esperanza, fortalecer su fe y dejar ir las cosas que le impiden confiar en Dios o que le generan miedo. ¡Aferrémonos a lo que hemos recibido!

Para concluir, debemos notar que muchos no creen que somos salvos solo por la gracia a través de la predicación del evangelio. Incluso, muchos no creen en esta verdad en las iglesias protestantes, cuya herencia e historia proviene de la reforma. Una encuesta reciente mostró que en las iglesias protestantes modernas y los movimientos que provienen de ellas, el 84 por ciento de los evangélicos en Estados Unidos de América creen que 'Dios ayuda a quienes se ayudan a sí mismos'. Incluso, algo más aterrador: el 60 por ciento de ese mismo grupo cree que esta idea viene directamente de la Biblia. Esto se resume en que más del 80 por ciento de los evangélicos en Estados Unidos de América creen que somos salvos por la gracia y también por nuestros propios esfuerzos. Esta es la realidad en la que vivimos.

En consecuencia, a medida que vivimos y luchamos juntos por la fe del evangelio, debemos persistir claramente y con misericordia en predicar el evangelio de la gracia. Debemos proclamar que solo Dios salva a los pecadores y que Dios lo hace solo por gracia.

3

# DIOS SALVA A LOS PECADORES POR FE SOLAMENTE

Pedro dice en el libro de Hechos de los Apóstoles: *"Y en ningún otro hay salvación, porque no hay otro nombre bajo el cielo dado a los hombres, en el cual podamos ser salvos (Hech. 4:12)."* En Efesios, Pablo nos enseña que en Cristo tenemos redención por medio de su sangre, el perdón de los pecados y somos reconciliados con el Padre (Ef. 1:7-9). En Jesús estamos completos y no nos falta nada. Solo en la persona de Jesucristo se encuentran esta gracia de Dios y la salvación. Hay un único y un solo Dios y, si queremos el perdón y la paz con él, solo hay un lugar donde se puede encontrar: Jesucristo.

La pregunta importante que nos plantearemos aquí es la siguiente: ¿Cómo es que la salvación provista por

Dios con tanto amor en su Hijo Jesucristo se hizo nuestra? Si de verdad encontramos la salvación en Cristo, ¿cómo es que llegamos a él? La respuesta es simple pero profunda: por medio de la fe. Es decir, las Escrituras enseñan que nos apropiamos de Cristo solo por la fe. En Romanos 3:28 dice: *"Porque concluimos que el hombre es justificado por la fe aparte de las obras de la ley."* Cuando Pablo dice que es por fe quiere decir que la fe es el medio o el instrumento por el cual obtenemos la justificación, que es la manera de estar bien con Dios. Anteriormente hemos leído en Efesios 2:8-9: *"Porque por gracia habéis sido salvados por medio de la fe, y esto no de vosotros, sino que es don de Dios; no por obras, para que nadie se gloríe."*

Tenga en cuenta que la palabra "solo" no aparece en ninguno de estos textos. Pero el contexto gramatical y el énfasis significan que está conceptualmente presente. En Romanos, Pablo está haciendo un contraste entre la fe y las obras de la ley. Esto es señalado por la frase *"aparte de"*. El contraste es tan claro que poner la palabra *"sola"* en la traducción es válida y aclaratoria. La fe sola es el medio por el cual recibimos la justicia de Cristo y no las obras de la ley.

Pablo lo dice con más claridad en Gálatas 2:16:

> … *Sin embargo, sabiendo que el hombre no es justificado por las obras de la ley, sino mediante la fe en Cristo Jesús, también nosotros hemos creído en Cristo Jesús, para que seamos justificados por la fe en Cristo, y no por las obras de la ley; puesto que por las obras de la ley nadie será justificado.*

Esta repetición y reafirmación agudiza la claridad de lo que Pablo está diciendo. Quiere que no haya dudas en la mente de nadie de que podemos lograr lo que solo Dios da por gracia a través de Cristo. La salvación es solo por la fe.

Usted puede observar que en ambos contextos la palabra justificación fue usada en lugar de salvación. La justificación es parte de nuestra salvación y se usa aquí como una forma abreviada, destacando el elemento crítico de lo que Dios hace a nuestro favor. Vale la pena algunas palabras para definir claramente la justificación.

La justificación no es algo que sucede dentro de nosotros, ni es una decisión o una emoción. La justificación es un término legal, es una declaración relativa a una situación legal. Es como cuando un juez golpea con su martillo y declara que una persona es culpable o no culpable en virtud de la autoridad que posee como juez. De la misma manera, Dios declara que los pecadores culpables como nosotros son no culpables, están totalmente perdonados y nos trata como si no fuéramos culpables o nunca hubiésemos pecado. El medio por el cual nos apropiamos de esta justificación es la fe.[1] Eso es lo que significa justificación por fe.

Pero, ¿cómo puede Dios, que es perfectamente santo y justo, hacer esto? Si nosotros no somos justos, ¿cómo puede hacer esto? ¿Cómo puede permanecer santo y justo y declarar no culpable a las personas que son pecadoras y totalmente culpables?

Es obvio que Dios no hace esto basado en cualquier cosa que hemos hecho o hacemos en el camino de las buenas obras. El profeta Isaías dice acerca de nuestras buenas obras que no son más que "trapo de inmundicia" ante los ojos de un Dios santo (Is. 64:6). Dios justifica a los pecadores solamente por la gracia mediante la fe basada en la atribución al pecador de las buenas obras de Cristo y del sacrificio de Cristo por sus pecados. Esta acreditación, o imputación, funciona en ambos sentidos. Dios carga sobre Cristo la culpa, la maldad y los pecados de su pueblo. Pero también da al pecador que cree en Cristo la justicia y el perdón que resulta de su sacrificio en la cruz.

Por lo tanto, la justificación solo por la fe da lugar a dos cuestiones que debemos considerar:

Primero, la justificación provee el perdón al pecador basado en el sacrificio de Cristo. El sacrificio de Cristo pagó por la culpa de todos nuestros pecados que fueron cargados sobre Jesús, a quien Dios el Padre había destinado para esto.

En segundo lugar, recibimos ante Dios plena aceptación por la obediencia de Cristo. Para que podamos entrar en el cielo necesitamos tratar nuestro problema del pecado. Nuestra culpa delante de Dios debe ser borrada. Pero también el pecador necesita una justicia positiva para estar en la presencia de Dios. Nosotros no tenemos tal justicia, por lo tanto, Cristo nos ha provisto tal justicia. Podríamos decir que Cristo no solo murió por nosotros, sino que también vivió por nosotros.

Así que, la justificación (el ser declarado no culpable por Dios) está basada tanto en el perdón de nuestro pecado como en la justicia que Jesucristo nos imparte. ¿Y cómo recibimos esto? Solo por medio de la fe en Jesucristo y su obra terminada. Nuestra fe es el único instrumento por el cual estamos conectados con Jesucristo y por medio de él somos justificados delante de Dios. No es la fe más los sacramentos del bautismo y la cena del Señor. No es la fe más cualquier otro deber o trabajo religioso. No es la fe más las buenas obras, aunque algunos puedan interpretarla así. El poder de salvación reside solo en Jesucristo y la sola fe que nos une a él es un don de Dios y una parte esencial e instrumental de su don de gracia. En Cristo hay poder para salvar a los pecadores y la fe que Dios nos ha dado nos hace salvos en su nombre.

Tenemos que plantearnos tres preguntas para profundizar esta importante doctrina. Sabemos que es un tema grande y podríamos tener muchas más preguntas, pero estas tres aclararán nuestra comprensión del tema. Primero, ¿por qué solo la fe? En segundo lugar, ¿qué es esta fe? Y, por último, ¿de dónde viene esta fe?

## I. ¿Por qué solo la fe?

Son muchos los lugares en las Escrituras donde se presenta esta enseñanza. Quizás uno de los más claros lo encontramos en Romanos 4:16: *"Por eso es por fe, para que esté de acuerdo con la gracia."* Por esta razón es por la fe, para que sea consistente con la gracia de Dios. La razón es por la fe y esa fe no es una obra. La fe no contribuye en nada al proceso de salvación. Simplemente, acepta con la mano abierta y abraza la obra terminada de Jesucristo. Esto protege la gracia y el don de la fe que se recibirá. Si fuera de otra manera, estaría claro que la gracia por sí sola no sería suficiente. Eso es lo que afirman las Escrituras. Por eso la salvación es por fe solamente, de acuerdo con la gracia.

Para poder ser salvos por gracia, que es el favor inmerecido y soberano de Dios, debemos ser salvos solamente por la fe; de lo contrario, la gracia ya no es pura gracia. Es gracia y algo más. Es por la fe solamente porque la fe no contribuye a ninguna cosa. La fe no es más que un "conductor". La fe es como un cable a través del cual recibimos el poder salvador de Jesucristo, como si ese hilo estuviera conectado a una poderosa fuente de electricidad. El cable en sí no crea la energía eléctrica, simplemente la conduce. Como resultado, el don de la fe de Dios protege la gloria y el honor que pertenecen a Dios como la única fuente que puede salvarnos. Dios es muy celoso al proteger su propia gloria y es por eso que él ha diseñado el proceso de salvación haciendo de la fe el medio para recibirla. Él nos nombra y nos da la gracia salvadora que viene a nosotros por la fe solamente. Por lo tanto, en respuesta a esto, la única actitud apropiada que podemos tener es alabarlo y adorarlo y ser agradecidos a Dios en Cristo. Su prerrogativa es salvar con su gracia a los pecadores solo por medio de la fe.

Tenemos una tendencia recurrente a pensar que la salvación es ante todo para nuestro beneficio; pero primeramente es para la gloria de Dios. Lo vemos claramente en el primer capítulo de la Carta a los Efesios. Pablo nos dice que fuimos elegidos y adoptados para ser sus hijos (Ef. 1:4-5). ¿Por qué somos adoptados? Hemos sido hechos hijos e hijas "para la alabanza de la gloria de su gracia". Dios es el único ser supremo y absolutamente glorioso en el universo. Él exalta su propia naturaleza y su propio carácter para demostrar su bondad, misericordia y amor. Dios se regocija en esto porque es el bien supremo. Ese bien va más allá del cual no se puede imaginar un bien más grande. Como resultado, Dios debe deleitarse en sí mismo, o tendríamos la situación absurda de que Dios sea un idólatra.

Dios se engrandeció a sí mismo, pero en la divinidad esto no es orgullo ni arrogancia, porque no hay otro bien superior, así que cuando magnifica su propia gracia y amor en Jesucristo, permanece fiel a su nombre y carácter. Cuando por su gracia soberana Dios nos une en Cristo como hijos e hijas solamente por medio de la fe, entonces nada en absoluto puede añadir o disminuir la obra de Jesucristo. Como alguien dijo: - ¿No contribuyo algo a mi propia salvación? Sí, con tu pecado, eso es todo. Incluso, ni eso entregamos voluntariamente. Dios lo imputó a su propio Hijo, y lo puso sobre él cuando murió en la cruz. Eso es absolutamente todo lo que traemos a nuestra salvación.

Debido a la gran misericordia de Dios y a su gracia salvadora, los pecadores son perdonados. De su increíble bondad nacemos de nuevo, Dios nos ha adoptado como sus hijos y este favor es recibido solo por la fe, para que toda la gloria y toda la alabanza sean de Dios y para Dios. Esto es humillante para nosotros. Nos aferramos ferozmente a nuestro deseo de poder participar en la salvación. Nos aferramos a nuestras miserias y no queremos dejar ir nuestra carga de pecado, ni la falta de necesidad de Dios. Sin embargo, Dios ha decretado que la salvación es por gracia solo a través de la sola fe.

## II. ¿Qué es la fe?

En segundo lugar: ¿Qué es la fe salvadora? ¿Cómo la definen las Escrituras? Bueno, la fe bíblica no es un salto al vacío, como algunos en nuestra cultura han pensado.

¿Qué tienen que enseñarnos las Escrituras sobre la fe salvadora?

Durante y justo después de la reforma protestante hace 500 años, surgió un conflicto muy agudo sobre la naturaleza de la fe salvadora. Si la gracia de Dios en la salvación es recibida solo por la fe, entonces nuestro destino eterno podría depender de nuestra comprensión de lo que es la fe. Los reformadores construyeron un caso fuerte basado en las Escrituras en su proceso de recuperación del evangelio bíblico. Ellos enseñaron que la fe salvadora posee tres elementos.

Esa fe que realmente se apodera de la gracia de Dios en Jesucristo consta de tres componentes. El primero es el conocimiento, el segundo es la creencia y el tercero es la confianza. Conocimiento, creencia y confianza. Otros términos pueden haber sido utilizados de vez en cuando, pero se reduce a estos tres.

## Conocimiento

¿Por qué la fe salvadora en Jesucristo tiene que tener conocimiento como parte de ella? Romanos 10:14 dice: *"¿Cómo, pues, invocarán a aquel en quien no han creído? ¿Y cómo creerán en aquel de quien no han oído? ¿Y cómo oirán sin haber quien les predique?"* Antes de creer un hecho debemos tomar conciencia de él. La fe salvadora, entonces, debe incluir el conocimiento de los hechos concernientes a Jesucristo y su obra por nosotros. La fe salvadora debe incluir conocimiento de quién es Jesucristo (él es Dios desde la eternidad pasada y será hasta la eternidad futura). Debe reconocer el hecho de que Jesús se encarnó y siendo humano vivió una vida perfecta y sin pecado en esta tierra. Debemos entender lo que significa su muerte sacrificial, que él fue un sustituto para nosotros y que Dios le estaba imputando la culpa de los pecadores. Debemos saber que su muerte satisfizo la ira de Dios el Padre, y que él se levantó corporalmente de la tumba al tercer día. Este hecho estableció claramente quién era Jesús y cómo todo lo que él hizo fue acepto como suficiente y eficiente ante los ojos del Padre. Debemos conocer estas cosas; en otras palabras, debemos conocer el evangelio.

La fe salvadora debe basarse en el conocimiento de las verdades del evangelio. Este conocimiento no siempre viene de una vez. A veces Dios lo pone poco a poco. La gente aprende del evangelio a través de muchas conversaciones, a través de muchos sermones, muchas horas de leer la Biblia y a través del tiempo de reflexión.

El conocimiento de las verdades del evangelio no siempre está al mismo nivel con cada persona. El evangelio debe predicarse continuamente si queremos recuperar el evangelio bíblico y afirmarlo. La Iglesia debe continuamente poner en evidencia lo esencial: la Trinidad de Dios, Padre, Hijo y Espíritu Santo, la expiación sustituta y la encarnación de Dios en Cristo. Estas verdades deben ser predicadas constante y repetidamente porque son componentes esenciales del evangelio.

Así la gente irá aprendiendo en diferentes niveles y diferentes grados. Esto no es una tontería teológica que no hace ninguna diferencia. El evangelio debe ser presentado continuamente debido a que la gente está llegando a la fe a su tiempo y la gente está creciendo espiritualmente a diferentes ritmos. La fe debe tener un objeto, y el único objeto que Dios acepta es Jesucristo, su persona y su obra. Nuestra fe tiene un objeto: Cristo.

Por lo tanto, el conocimiento de él es esencial. Este conocimiento debe ser suministrado continuamente para que la gente pueda adquirirlo y para que puedan crecer en él.

No se requiere una cantidad específica de conocimiento para ser salvado. Dios determina cuándo salva y cuánto conocimiento cada persona necesita para ser salva. Debemos afirmar que el conocimiento es esencial y necesario para esta experiencia de salvación. Además, este conocimiento necesita ser afirmado en estos días porque muchos dicen que realmente no importa lo que creamos siempre y cuando seamos sinceros en lo que creemos. Esto es confundir la sinceridad subjetiva con la verdad objetiva de la fe en el Jesús histórico. Por supuesto, la fe salvadora debe ser sincera (eso es necesario, pero no suficiente). Podemos formar la opinión subjetiva de que podemos volar. No importa lo sincero que seamos, si saltamos de un acantilado no vamos a volar, a pesar de que los primeros segundos nos puede parecer que lo hacemos. De la misma manera, nuestra fe debe estar basada en la verdad y en el conocimiento. Debemos tener conocimiento del objeto de la fe salvadora. Solo hay un objeto para nuestra fe. Solo hay un Salvador: Jesucristo el Justo. ¡Si nos equivocamos acerca de Jesús, entonces estamos muertos! La fe tiene un objeto y debe ser Jesús. Aún más importante, debe ser el verdadero Jesucristo.

## *Creencia*

El segundo componente o aspecto de la fe salvadora es la creencia. Con esto queremos decir que no solo tenemos conocimiento y somos conscientes de los hechos, sino que también les damos consentimiento. No solo estamos conscientes de los hechos acerca de Jesús y su salvación, sino que estamos de acuerdo en que esos hechos son verdaderos. Hemos aprobado los hechos que hemos aprendido de la Biblia acerca del Jesucristo histórico, su persona y lo que él hizo. Creemos que lo que Dios ha dicho acerca de su Hijo es verdad. Estamos de acuerdo con estos hechos. Decimos en esencia: "Sí, estoy de acuerdo en que es la verdad". Pero incluso cuando poseemos los hechos de la Biblia y consentimos a lo que ahora conocemos como verdad, eso no es suficiente para producir la salvación. Lo que falta es confianza. Debemos confiar solo en Jesús para nuestra salvación.

## Confianza

Tener fe en Jesucristo solo significa que tengo los hechos concernientes sobre su persona, creo que esos hechos son verdaderos, que la salvación se encuentra solamente en él y que estas cosas son verdaderas para mí. Por lo tanto, en respuesta a esto sigo a Jesús y confío en él como mi Salvador. Este proceso se ve claramente en el Nuevo Testamento.

Una manera clara en la que el Nuevo Testamento enseña esta verdad es a través del uso del verbo creer (*Pisteuo*). Este verbo se usa a menudo con una preposición para traernos la idea de alguien que llega a creer o que cree en una persona. Este uso describe una clase de fe que descansa sobre una persona. Indica confianza personal. Jesús dijo: "*Cree en mí y serás salvo* (Jn. 6:35, 40; 7:38)." En el libro de Hechos de los Apóstoles constantemente vemos términos como: "Cree en el

Señor Jesucristo, cree en él, confía en él y serán salvos (Hech. 16:31)."

La fe que salva implica el conocimiento, la creencia o el consentimiento, y también implica confianza. Además, es una confianza y certeza en Jesucristo como Señor y Salvador.

Podemos ilustrarlo de esta manera. El componente de conocimiento de la fe podría decir que hay una silla aquí en la iglesia. Podríamos estar de acuerdo y decir: -Veo esa silla. Yo sé que realmente está ahí. El componente de creencia de la fe dice: -Creo que la silla se ha fabricado de tal manera que si yo estuviera sentado en ella me sostendría. Y finalmente, el componente de confianza de la fe dice: -No solo veo la silla, no solo creo que me mantendrá, sino que también voy a confiar en que lo hará y me voy a sentar en ella. Por último, usted va y lo hace. Por lo tanto, la confianza en la silla es lo que posibilita que usted vaya y se siente en ella.

Así también la fe salvadora se apoya únicamente en Jesucristo. La fe salvadora confía en Jesucristo de tal manera que cree que solo él lo puede salvar. Si confiamos en nuestra religiosidad, en las buenas obras, o en el hecho de que nacimos en alguna tradición familiar, entonces dejamos a un lado la fe en Jesucristo. Así que debemos abandonar cualquier otro objeto de nuestra fe y confiar únicamente en la persona y obra de Jesucristo.

Esto es realmente importante entender y mantener. No se trata solamente de una teología; más bien es el verdadero evangelio. Como dice Santiago: *"Tú crees que Dios es uno. Haces bien; también los demonios creen, y tiemblan"* *(Sant. 2:19)*. ¿Se percató? Incluso los demonios poseen los dos primeros aspectos de la fe. Los demonios saben esto de primera mano, pero ellos odian completamente a Dios y tiemblan de pavor. Los demonios poseen el conocimiento porque conocen los hechos. Ellos ven a Dios. Ellos saben quién es Cristo y lo que hizo en la tierra. Ellos lo reconocieron y huyeron de él. Además, ellos creen que todas las cosas concernientes a Dios son verdaderas y esa creencia es la razón por la que tiemblan de terror. Se estremecen de horror porque saben del juicio que les espera. Pero carecen del tercer y último aspecto de la fe: la confianza. Ellos jamás confían en Jesucristo, más bien lo desprecian y son sus enemigos. De este mismo modo, estas dos primeras características de la fe pueden ser comunes en muchas personas. Estas, al igual que los demonios, ni confían en Jesucristo ni se aferran a él.

La fe salvadora es que la fe que nos une a Cristo conoce el evangelio, cree el evangelio, valora a Cristo por encima de todo en el universo y confía completamente en su persona. Por lo tanto, este tipo de fe es la que le busca y se aferra a él todo el tiempo. Como dijo Martín Lutero, este tipo de fe es como un anillo que sujeta firmemente una joya. Nosotros debemos buscar a Jesús, confiar en él y unirnos a él.[2]

Recordemos en los evangelios a los miles de personas que experimentaron y vieron los milagros de Jesús. Por ejemplo, un gran número de personas vieron a Jesús resucitar a Lázaro de entre los muertos. Por lo menos 5 000 experimentaron la alimentación milagrosa de Jesús. Muchos fueron testigos de sus numerosas curaciones con solo una palabra o un toque. Ellos tuvieron el privilegio de ver de primera mano su milagroso poder. Pero ¿lo creyeron? Ellos lo vieron con sus propios ojos, pero no lo creyeron. Ellos creían que lo visto era cierto, aprobaron que había ocurrido, pero la mayoría no confió en Jesucristo como su Salvador. Ellos no llegaron a creer en Jesús como el Santo Mesías de Dios debido a los milagros. Muchos de nosotros podríamos encontrarnos en la misma posición. Muchos pueden haber oído las historias del evangelio, creído en Jesús como una persona histórica, saber que él tiene poder para salvar, pero no han confiado en él como Salvador. No han descansado su plena esperanza y confianza en la persona y en la obra de Cristo.

Sería bueno hacernos las siguientes preguntas: ¿Hemos renunciado a todo lo no sea Jesucristo para apoyar nuestra fe? ¿Hemos renunciado a las tradiciones religiosas para que podamos confiar en Jesús? ¿Hemos renunciado a nuestras buenas obras para salvarnos? ¿Nos hemos abandonado completamente a la misericordia de Dios para ser salvos? Le animamos a responder, sin ánimo de presionarlo.

El matrimonio es un ejemplo bíblico sensacional de lo que venimos enseñando. Cuando dos personas comienzan a conocerse eso no es matrimonio. Luego van más allá en la relación y se sienten atraídos el uno al otro, se conocen mejor y se enamoran, pero todavía no es el matrimonio. Hasta que no haya un compromiso, hasta que no se confíen el uno al otro para siempre, no es matrimonio. Algo parecido pasa en nuestra relación con Cristo. Oímos hablar de él, luego nos sentimos atraídos a él, conocemos lo que él hizo por nosotros y, por último, le confiamos nuestra vida solo a él. Cuando llegamos a ese compromiso con Cristo es porque confiamos completa y exclusivamente en él. Solo Jesús poseerá nuestra absoluta fe y confianza. Esa es la norma del cielo. Necesitamos confiar solo y exclusivamente en Cristo y en su obra por nosotros.

## III. ¿De dónde viene la fe?

La tercera y última pregunta que queremos explorar es: ¿de dónde proviene la fe salvadora?

### *Regalo de gracia*

La fe es un regalo de la gracia de Dios. Todo en nuestra salvación proviene de la gracia de Dios. Eso significa que nuestra fe viene de Dios como un regalo de gracia. Efesios 2:8 dice: *"Porque por gracia habéis sido salvados por medio de la fe, y esto no de vosotros, sino que es don de Dios…"* El pronombre demostrativo "esto" (*τοῦτο-* en Gr.) no se refiere solo a la gracia o la fe, sino que corresponde a toda la frase. Nuestra salvación por gracia por medio de la fe (todo incluido) es un regalo de Dios para nosotros.

En Filipenses 1:29, Pablo dice: *"Porque a vosotros se os ha concedido por amor de Cristo, no solo creer en Él, sino también sufrir por Él."* Nuestro sufrimiento por Cristo y nuestra fe en Cristo dependen totalmente de lo que Dios nos ha concedido por el amor de Cristo. La fe en Cristo se nos ha dado como regalo.

Como el Apóstol Pablo enseñó en 1 Corintios 12:3: *"…Y nadie puede decir: Jesús es el Señor, excepto por el Espíritu Santo."* Esto no significa que la gente no pueda decir las palabras, sino que no puede decirlas desde su corazón y con la fe salvadora, a menos que lo haga por el Espíritu Santo. Esto implica claramente que la fe en Cristo, la fe salvadora de la que estamos hablando, no es definitivamente algo que poseemos como un don natural, de tal manera que podamos decidir a nuestro antojo cuándo y cómo creer. No es algo que podríamos haber hecho por nuestra propia cuenta. ¡Es imposible! Requiere de la intervención del poder soberano de Dios. La Escritura dice que esta fe nos es dada y nos es concedida para que podamos creer. Solo el Espíritu Santo puede engendrar ese don en nosotros.

No podemos creer libremente en lo que despreciamos y odiamos. Recuerda cuando analizamos la condición de toda la humanidad. Romanos 3:10-12 dice: *"No hay justo, ni aun uno; no hay quien entienda, no hay quien busque a Dios; todos se han desviado, a una se hicieron inútiles; no hay quien haga lo bueno, no hay ni siquiera uno."* No hay justo, ni uno solo. No tenemos intención alguna de buscar a Dios y mucho menos de creer en él. A menos que hayamos nacido de nuevo, no podemos ver ni entrar en el reino de los cielos. No amamos a Jesús y no deseamos estar con él. Confiar en él de esta manera simplemente no entra en la mente natural del ser humano.

Romanos 8:6 dice: *"Porque la mente puesta en la carne es muerte, pero la mente puesta en el Espíritu es vida y paz…"*. El último y más esencial aspecto de la fe salvadora es simplemente que no es nuestra, porque somos pecadores desde el nacimiento. Como pecadores, rechazamos a Dios y en esa condición estamos bajo la ira de Dios. La única forma posible de que tengamos una fe salvadora es que Dios nos la regale por su gracia. Amamos el mal y odiamos el bien, pero Dios por su gracia y misericordia nos da vida juntamente con Cristo, y nos da la fe para creer esto. Por lo tanto, la fe es el resultado de un cambio radical que ya ha ocurrido dentro de una persona. Ese cambio radical debe primero venir de Dios y luego nos trae a la vida. Entonces, después que Dios crea un cambio radical de valores, deseos y afectos en nosotros, la hostilidad hacia él se disuelve y es reemplazado por un amor y deleite hacia Dios. Donde antes hubo rechazo a Dios por nuestra injusticia, de repente nuestras voluntades, que alguna vez estuvieron presas por el pecado, son liberadas. Es entonces en esa libertad que podemos ir a Cristo en lugar de alejarnos de él.

Piense en la tercera estrofa del famoso himno de Charles Wesley *¿Y puede ser?*

> *Por mucho tiempo mi espíritu estuvo preso*
> *Tan atado al pecado y la oscuridad*
> *Tu ojo irradió rayos de luz*
> *Despertome en mi calabozo*
> *Mis cadenas cayeron, mi corazón estaba libre*
> *Me levanté, di unos pasos y te seguí*
> *Amor increíble, Cómo puede ser*
> *Que Tú mi Dios has muerto por mí.*

Esto expresa el gozo en el don de la salvación de Dios. Es a través del Espíritu Santo que Dios abre los ojos de los pecadores, libera su voluntad de las cadenas del pecado, transforma su odio hacia él por amor y les concede el don de la fe. Como resultado, una persona que solo había mostrado soberbia y desprecio a Dios, ahora confía y extiende sus manos a Jesucristo para recibir la salvación.

Está claro, por lo tanto, que el origen de esta fe es un regalo de Dios. Es un regalo que solo él se complace en dar a través de escuchar el evangelio.

## *Escuchar el Evangelio*

Romanos 10:17 dice: *"Así que la fe es por el oír, y el oír, por la palabra de Dios."* Es el Espíritu Santo quien da la fe y esta viene por oír la palabra de Dios. La fe es creada, no es algo dentro de nosotros que responde por nuestra iniciativa. La fe viene por oír la palabra de Cristo. La fe requerida para la salvación no nos es dada aparte del evangelio. No viene aparte del evangelio porque Dios honra su palabra y su nombre. La palabra de Dios es viva y da vida eterna al alma. Esta experiencia tal vez no ocurre la primera vez que oye la palabra de Dios. Puede venir más tarde, cuando uno reflexiona sobre la palabra que se ha escuchado. La palabra de Dios puede infiltrarse dentro de nosotros durante meses y meses, generando muchas preguntas y dolores de conciencia. Pero cuando viene la fe a nosotros, debe venir por la palabra de Cristo.

Puesto que la música expresa tan profundamente el afecto de nuestra fe piense en otra estrofa de un himno que dice: *"Nada en mis manos traigo, simplemente a tu cruz me aferro".* Nuestro profundo deseo sincero de venir a Cristo sin nada para negociar y entregarse a él es un don dado que surge de la predicación del evangelio. La fe no es un constructor que levanta un edificio; más bien es un espectador que ve y recibe. La fe no trae nada, sino que lo recibe todo. La fe nos une a Jesucristo, el Hijo de Dios, para que todo lo que pertenece a Cristo ahora nos pertenezca como resultado de nuestra nueva relación con él.

Ya sea predicando, o escuchando, o leyendo, la fe salvadora es un don de la gracia de Dios, dada por su Espíritu en su llamado.

En lugar de compartir las buenas noticias del evangelio a todo el mundo, tendemos a prejuzgar a las personas. Pensamos dentro de nosotros mismos: -Esa persona es infiel, esta persona no tiene ninguna posibilidad de llegar a la fe, este otro es agnóstico o ateo. Pero esto es prejuzgar a la gente. No tenemos y nunca hemos tenido el poder de convertir a otros. Pero el evangelio predicado traerá resultados, siempre que Dios lo quiera. Debemos ser audaces compartiendo la fe porque Dios puede conceder la gracia de la salvación a quien menos esperamos. ¡Nosotros no decidimos cuándo o cómo Dios puede salvar!

En resumen, de lo que hemos visto acerca de la gracia y la fe debemos decir que Dios salva a los pecadores por su gracia y solo por su gracia. Motivado por su bondad solamente, Dios extiende el favor a los pecadores, proveyendo un perdón total por el pecado y la justicia necesaria para estar delante de él. Dios provee todo esto solamente en la persona de Jesucristo, a través de su vida, muerte y resurrección.

Esta salvación se ofrece como un regalo gratuito, no como algo que merecemos. Ningún esfuerzo o trabajo religioso puede hacer algún progreso en la obtención de la salvación. No hay mérito en nosotros, más bien solo hay desmérito. Solo por fe, la cual Dios nos la da como un regalo, podemos confiar en las promesas en Cristo Jesús, y así ser salvos.

El método de Dios es tan radicalmente ajeno a nuestro pensamiento, que pronto surgen muchas preguntas. ¿Y el arrepentimiento entonces? ¿Qué hay de las buenas obras? ¿Dónde está la conducta cristiana? Etc... La Biblia tiene mucho qué decir acerca de hacer el bien, ser bueno, cumplir la obediencia de la ley y amar a

Dios con todo nuestro corazón, alma, mente y amar al prójimo como a nosotros mismos. Si todo es por gracia gratuita, ¿dónde encajan todas estas cosas?

Todas estas cosas encajan, pero ni el arrepentimiento ni ninguna buena obra pueden convertirse en una condición de fe que obligue a Dios a salvarnos. Tenemos que mantener distinta esa fe, la cual solo nos une a Cristo, que a su vez nos salva de las obras resultantes que hacemos por gratitud. Los reformadores a menudo decían: "Somos salvos por la fe, pero esta fe que salva no viene sola". La fe salvadora es la causa que trae consigo el efecto de las buenas obras. La fe salvadora es la raíz, y las buenas obras, la justicia y la ética son el fruto. No debemos confundir la causa con el efecto. La verdadera fe salvadora trae consigo la justicia y las buenas obras que indican la realidad de que la fe viva está dentro de una persona.

Es importante que hagamos una distinción entre estas partes pero que no la separemos. Por ejemplo, considere un tren. Está la locomotora y los vagones. Si los vagones no están unidos a la locomotora no se pueden desplazar. Así resulta nuestra fe en Cristo. La fe es la que nos une con Cristo, que es el motor que nos salva. Pero siguiendo el motor y conectados a él están otros vagones. Estos vagones dependen del motor y se mueven por él, pero no pueden hacer nada por sí mismos. Así son los otros resultados de nuestra unión con Cristo. Solo conectados a él por medio de la fe somos salvados, reconciliados, redimidos, etc… Toda persona que ha sido justificada por la fe sola en Cristo también cambia. El poder del motor (el cual es Cristo) es la fuente de ese cambio. Todo pecador que Dios justifica siempre cambia. Estos son los resultados de la fe, que son distintos a ella pero que no están separados.

Dios pone un nuevo corazón en los que él salva, de acuerdo con la promesa del Nuevo Pacto. En este proceso Dios escribe su ley sobre sus corazones. Él coloca su Espíritu dentro de ellos. En ese punto, su nuevo corazón posee nuevos afectos, deseos y la santidad. Cristo causa estos cambios y estos están conectados, pero son distintos, a la fe que nos une con Cristo, que resulta en nuestra justificación.

Pero Dios no solo justifica a los pecadores. También nos santifica y nos hace nuevas criaturas. Una vez justificados, no hay abandonos. Permítanme expresarlo de otra manera: somos salvos por las obras, pero las obras que nos salvan son las de Jesucristo, y nuestra conexión con sus obras es nuestra fe. Y puesto que la fe no es obra, sino un don, no hay lugar para nuestra vanagloria. Por lo tanto, vivimos a la luz de esta realidad con una dependencia alegre en la obra de Cristo por nosotros.

Una razón central por la que debemos entender esto es porque el evangelio de la justificación solo por la fe está bajo constante ataque dentro de la iglesia y a menudo en el ministerio cristiano. Incluso, dentro de nosotros mismos tenemos ese ataque, ya que nuestra carne aún está con nosotros haciéndonos creer que somos merecedores de algo. Somos atacados por la forma en que vivimos y la forma en que pensamos. Hay dos errores en los que fácilmente podemos caer.

El primer error en que algunos caen es el esfuerzo por proteger la libertad de la gracia de Dios en la salvación, eliminando el último aspecto de la fe en Cristo y de comprometernos con él como Señor y

Salvador. Como resultado, esto quita la necesidad de obediencia, la torna opcional y tal vez ni siquiera necesaria. Irónicamente, en su esfuerzo por proteger la gracia, niegan su poder, e incluso olvidan que todos los que Dios justifica por la fe, también santifica y cambia. Ellos van al extremo de negar cualquier lugar de hechos justos y buenas obras. El término técnico para esto es *"antinomianismo"*. Anti significa estar en contra. *Nomos* es la palabra griega para la ley. Por lo tanto, significa que están en contra de la ley. En su celo por proteger la gracia de Dios, ellos niegan el cambio que Cristo siempre hace en su pueblo justificado. Ponen la gracia en contra de las buenas obras, en lugar de ver la gracia como el origen y el fundamento de esas buenas obras. Como resultado, cualquier sugerencia de que necesitamos ser un discípulo y seguir a Cristo se atenúa radicalmente.

Como suele suceder, el otro error o trampa va al extremo opuesto. Otras personas ven que la Biblia dice que debe haber discipulado. Claramente, la Biblia enseña que debe haber buenas obras. La Biblia habla de arrepentimiento y cambio, el error es fusionar esos conceptos con la fe salvadora haciéndolos componentes de esta, en un esfuerzo por proteger la justicia de Dios y el hecho de que el evangelio realmente cambia a la gente. Esto lleva al *legalismo*. No podemos hacer eso tampoco.

Es imposible negar el soberano poder transformador de Dios haciendo innecesarias las obras, pero mientras hacemos esto, debemos confiar solamente en la obra de Cristo para nuestra salvación solo por fe. Por el mismo razonamiento, no debemos responder a eso intentando fundir en la fe el arrepentimiento y las acciones justas, terminando con una justicia basada en las obras. Esto puede sucedernos a nosotros como creyentes en nuestras propias conciencias también. Como creyentes podemos meternos en ese modo de pensar nosotros mismos. Ese tipo de pensamiento es sutil y debemos protegernos continuamente de él. La verdad de la salvación solo por gracia a través de la sola fe debe dirigir el camino recto que evita ambos errores.

¿Cuáles son las implicaciones de todo esto? La fe sola (con el énfasis en sola) es el corazón del cristianismo protestante y del evangelio bíblico. **La salvación con su fundamento y su origen en la gracia de Dios sola y recibida por la fe sola es el evangelio.** Es la buena noticia. Dice que podemos librarnos del pecado y de su culpabilidad ante el trono de Dios, declarado perdonado y aceptado por él en virtud de poner nuestra fe en el único, Jesucristo, que ha ganado nuestra salvación.

Desafortunadamente, hay muchas personas que creen que alcanzarán el cielo por otros medios. Debemos aferrarnos al hecho de que el cielo cuesta mucho más de lo que cualquiera de nosotros puede pagar. No podemos comprar nuestro camino al cielo por ningún medio. No podemos ganar nuestro camino al cielo a través de cualquier cantidad de acciones justas, órdenes religiosas o afiliaciones denominacionales. Una razón por la que se llama la 'buena noticia' o las 'buenas nuevas' es que Dios la ofrece como un don gratuito y nos llama a entrar en su amor y su reino en Jesucristo. Jesús dijo: "*Venid a mí, todos los que estáis cansados y cargados, y yo os haré descansar*" *(Mat. 11:28)*. Él ofrece un descanso seguro de la ansiedad de la justicia basada en las obras aquí y ahora. Él ofrece descanso de esfuerzos constantes para tratar de complacer a un Dios perfecto, lo cual no podemos hacer de acuerdo con su perfecto estándar. Él ofrece un descanso de actos religiosos utilizados como moneda de cambio para obtener la aprobación de Dios. Es solo en Cristo. Ese es el evangelio cristiano.

Hay malas noticias y hay buenas noticias. La mala noticia es que Dios no salva a las buenas personas. La buena noticia es que Dios salva a los pecadores, y todas las personas son pecadoras. No hay gente buena. Dios solo salva a las personas malas que han confiado en la única buena persona: Jesucristo.

Para aquellos que ya son cristianos necesitamos recordar dos cosas. Primero, no es una cuestión de cuán fuerte es nuestra fe. Algunos de nosotros tenemos una fe realmente débil. Todos tenemos a veces una fe inestable. Nuestra salvación solo se basa en la plenitud de la vida de Cristo y en su expiación por nuestros pecados. Es su pureza y su poder, no es la fuerza de nuestra fe, la que nos salva. Incluso la fe más pequeña, que es la fe viva y verdadera, es suficiente. Debemos mantener nuestra mirada en Cristo. Debemos mantener nuestro foco en el evangelio mismo. La doctrina de la justificación solo por la fe fortalece nuestra vida y nos hace menos temerosos. Como dice un viejo himno: *"En Cristo, la roca sólida estoy, toda otra tierra es arena hundida."* Podemos temblar sobre esta roca sólida, pero la roca no se moverá con nosotros. No somos salvos por la fe en la fe. Tampoco es por lo fuerte que es nuestra fe. Es solamente por la fe que tenemos en Cristo.

La otra bendición de la gracia de Dios en Cristo a la que debemos recordar continuamente es que la aceptación de Dios que necesitamos no depende de nuestro desempeño. La totalidad del amor de Dios y su aceptación la recibimos solo por la fe en Cristo. En ese momento estamos justificados y se nos otorgan todas las bendiciones de Dios prometidas para ser recibidas por la fe a través de los méritos de Cristo, no los nuestros. Esto es tan poderoso que libera nuestra alma de la culpa, de los fracasos pasados, presentes y futuros. Es una liberación para siempre. Y lo hace de una manera que magnifica la gracia y el amor de Jesucristo. Este es un concepto muy delicado, difícil de entender y de mantener. La razón es nuestro orgullo, que no quiere someterse al sistema de la gracia gratuita de Dios. El gran teólogo del siglo XIX del Seminario de Princeton, Charles Hodge, dijo:

> *La gran dificultad de muchos cristianos es que no pueden persuadirse de que Cristo, su Dios, realmente los ama; y la razón por la que no pueden sentirse seguros del amor de Dios es que saben que no merecen su amor. Por el contrario, lo que merecen es su desprecio.*

¿Cómo puede el Dios infinitamente puro amar a aquellos que están contaminados con el pecado, que son orgullosos, egoístas, que están descontentos, que son ingratos y desobedientes? Esto es realmente muy difícil de creer y parece demasiado bueno para ser verdad, pero esta es la verdad y es el evangelio. Él nos ama, no por lo que nos estamos convirtiendo, ni por lo que pensamos que somos, ni por las acciones que hemos logrado. Él nos ama solo por causa de Cristo. ¡Es solo por el amor de Cristo!

Así pues, podemos ser libres de esto. Liberémonos de todas las ideas egoístas que nos hacemos para contribuir a nuestra salvación. Podemos darnos cuenta de que la justificación solo por fe es el corazón mismo del evangelio. Es la enseñanza sobre la cual todo lo demás en la salvación se mantiene o se cae y debemos permanecer comprometidos con ella. Además, debemos ofrecer el evangelio a todos y a cualquiera que podamos. Si confiamos en Cristo, y sabemos que su amor por nosotros es verdadero, debemos compartirlo libremente.

4

# DIOS SALVA A LOS PECADORES
# POR EL MÉRITO DE
# CRISTO SOLAMENTE

Consideremos una cuestión fundamental y central.
¿Cómo un pecador se puede arreglar con un Dios santo
y justo? Las personas pecadoras son descritas en las
Escrituras como concebidas en iniquidad, muertas en
sus delitos y pecados, con un corazón esclavo del
pecado, con una mente que rechaza el verdadero
conocimiento de Dios y que no puede someterse a la ley
de Dios. ¿Cómo se pueden arreglar tales personas con
un Dios santo y justo, que de ninguna manera permitirá
que los culpables queden impunes? ¿Cómo puede esto
llegar a pasar? La respuesta a esta pregunta ha sido

siempre la esencia del evangelio bíblico. La respuesta a esta pregunta es: Dios salva a los pecadores. Necesitamos explicar los detalles de cómo Dios lleva esto a buen término.

¿Cómo salva exactamente Dios a los pecadores hostiles y traidores como nosotros? Hemos notado que su salvación es solamente por gracia, que es su favor soberano por el cual Dios concibe, realiza y sostiene nuestra salvación. Esta gracia nos es entregada solamente por la persona de Jesucristo. Solo él ha obtenido la justicia para atribuirla a nosotros y eso es suficiente para permitirnos entrar en la presencia de Dios. Solo Jesús es la base de nuestra justificación, la cual es la obra de Dios por la que nos declara no culpables, porque ha acreditado a nuestra cuenta la justicia que pertenece solo a Jesucristo.

También señalamos que recibimos esta justificación, este derecho con Dios a quien hemos ofendido, solamente por la fe en Jesucristo. Que esta fe en sí no es nuestra contribución, sino el don de Dios. Y la razón por la que Dios nombra la fe solamente es para que pueda permanecer únicamente por gracia. Puesto que la fe es un regalo, no tenemos nada que presumir. La fe no es una obra y no merece nada. La fe simplemente recibe la bondad y la gracia de Dios en Cristo Jesús. Este es el método que Dios utiliza para proteger su gracia y su gloria. Nuestra fe no añade nada a la gracia de Dios. Nuestra fe, dada por Dios, simplemente acepta el don de la gracia salvadora que se nos ofrece a través de Cristo.

Al mirar más de cerca el objeto de nuestra fe salvadora, la fe debe tener un objeto. El único objeto de la fe salvadora es Jesucristo, en quien estamos confiando. Él es en quien estamos poniendo la fe. El poder de salvarnos reside solo en Jesús. La fe llega con las manos vacías a Jesús y se apodera de todo lo que ha hecho por nosotros. Esa fe de manos vacías es la que se aferra a la cruz de Jesús, es "el conductor", o el instrumento, por el cual recibimos nuestra salvación. Es en Jesús y en su obra en la cruz que nuestras manos vacías están agarrándose y sosteniéndose.

Las preguntas que nos estaremos haciendo en este capítulo son: ¿En qué consiste esta salvación que Dios ha provisto en Cristo? Y una pregunta relacionada es: ¿Por qué solo la obra de Cristo es suficiente para que Dios me salve y me perdone? ¿Por qué solo Jesucristo debe ser el único objeto de nuestra fe para ser salvo?

Para intentar responder a estas preguntas a medida que reflexionamos sobre Cristo y su asombrosa plenitud y suficiencia en la salvación, necesitamos mirar de cerca tres verdades importantes con respecto a Jesucristo y su obra. Estas son acerca de su naturaleza suficiente, su rol suficiente y su trabajo suficiente para nuestro beneficio.

## I. Su Naturaleza Suficiente

En primer lugar, examinemos la suficiencia de su naturaleza. Debemos comenzar por entender quién es realmente Jesús si queremos comprender que lo que él hizo es suficientemente bueno para satisfacer a Dios. ¿Quién es este Jesús, el Cristo o el Mesías? ¿En quien solo debemos confiar? Él es aquel que posee una naturaleza absolutamente única y debido a su naturaleza es capaz de satisfacer plenamente a Dios. Jesús es único porque su nacimiento, vida, muerte y resurrección son absolutamente únicos. No es un hombre más que creó una nueva religión. Él no es simplemente un hombre que vino con un manojo de ideas filosóficas por las cuales debemos intentar vivir mejor. Él es Dios-hombre. Jesucristo es la plenitud de la Deidad que se hizo carne (hombre) para que ambas naturalezas moren en una sola persona desde la eternidad y para siempre. Jesús vino a realizar una obra específica, como hemos dicho antes; él vino a salvar a los pecadores. Cristo vino a morir en la cruz por su pueblo.

Como Dios y hombre, dos naturalezas en una persona, Dios ha venido a actuar a nuestro favor. Cuando reconocemos que Jesús es Dios y hombre en una persona no estamos diciendo que tiene dos personalidades. No hay dos personalidades en Cristo. La enseñanza de la Biblia es que hay dos naturalezas, la Deidad y la humanidad, cada naturaleza está presente plenamente en su única persona: Jesucristo. Él es una persona que es plenamente Dios y a su vez plenamente hombre, desde ahora y para siempre.

En cuanto a la divinidad, Jesús mismo afirmó ser Dios. Él dijo: *"Yo y el Padre uno somos"* *(Jn. 10:30)*. En otra ocasión dijo a los judíos: *"Antes que Abraham fuese, yo soy"* *(Jn. 8:58)*. Cuando Jesús dijo: "Yo soy", estaba usando el nombre de Dios del Antiguo Testamento (Ex. 3:14), que los judíos reconocieron como tal. Otra vez respondió a sus discípulos, diciendo: *"El que me ha visto a mí, ha visto al Padre…"* *(Jn. 14:9)*.

Además de sus propias afirmaciones, muchos de los nombres divinos para Dios se aplican a Jesucristo en la Escritura. Él es llamado el Señor (Jn. 13:13-14) y Dios (Jn. 1:1, 20:28). Se le llama Rey de reyes y Señor de señores (Ap. 17:14). Él es llamado Admirable

Consejero, Dios Fuerte, Padre Eterno y Príncipe de paz (Is. 9:6).

Además de muchos de los nombres divinos atribuidos a Jesucristo, muchos de los atributos divinos de Dios son dados también a Cristo. Se declara Omnipresente (Juan 3:13), es decir, en todas partes al mismo tiempo. Él es Omnisciente (Jn. 2:24-25; Col. 2:2-3), es decir, Jesús lo sabe todo. Él es Todopoderoso, todo poder en el cielo y en la tierra le pertenece (Mat. 28:18, Heb. 1:3). Se habla de él como Inmutable, es decir, que no cambia. En la carta a los hebreos dice: *"Jesucristo es el mismo ayer y hoy y por los siglos" (Heb. 13:8).* Él es el creador de todo. En Colosenses 1:16 dice que *"... todo ha sido creado por medio de El y para El."* Él es el Señor.

Luego en los evangelios encontramos la evidencia histórica de que Jesucristo mostró estos atributos de Dios realizando milagros. Él convirtió el agua en vino. Caminó sobre la superficie del agua. Él ordenó que el viento y la tormenta estuvieran quietos, demostrando su autoridad sobre el poder de la naturaleza. Él sanó a las personas que estaban cojos, ciegos o sordos. Expulsó demonios. Incluso, levantó a la gente de entre los muertos con dar simplemente su mandato.

En todo esto los evangelios demuestran que Jesús de Nazaret poseía la santidad, la majestad y el poder de Dios mismo. Como Jesús es Dios, es íntimamente consciente del sumo poder que tiene. Él conoce la justicia de Dios, y conoce la compasión de la misericordia de Dios. Jesús conoce el amor de Dios porque es Dios y es capaz de actuar en nombre de su Padre.

Jesucristo fue y es también verdaderamente un hombre capaz de sentir y padecer nuestros dolores y sufrimientos. Él experimentó nuestras tentaciones y nuestros dolores porque Jesús era uno de nosotros, un verdadero hermano. Él era verdaderamente humano, pero sin pecado. Caminaba como un hombre entre nosotros, vivía, comía y dormía como uno de nosotros. Por lo tanto, Jesucristo es el mediador perfecto entre un Dios santo y hombres pecadores (1 Tim. 2:5).

Jesús vivió una vida sin pecado (2 Cor. 5:21). Como hombre guardó perfectamente las exigencias de la Ley de Dios. Jesús a través de su obediencia humana y su divinidad, ganó la justicia que entonces nos dio. Como hombre, Jesús fue capaz de representarnos justamente a nosotros, tomar nuestro lugar y derramar su sangre en la cruz, porque él era hombre y Dios en la carne. Este Dios-hombre, Jesús, es aquel que nació en Belén. Este es el único Jesús, tanto Dios como hombre, que literalmente caminó sobre esta tierra. Este es el que fue al Calvario y fue clavado en una cruz romana. Él es el que fue sepultado, y al tercer día resucitó de entre los muertos. Él es quien ascendió a la diestra de Dios el Padre en el cielo, e intercede por nosotros.

Nos debe dar gran consuelo saber que Jesucristo, quien ha asumido nuestra naturaleza humana, ha llevado esa naturaleza a la presencia de Dios mismo. El Hijo de Dios se hizo carne viniendo a esta tierra agregando la humanidad a él y cuando la naturaleza humana fue agregada a la deidad fue añadida para siempre. Entonces, ahora y para siempre, él es el Dios-hombre. Y ahora Jesús es el Dios-hombre resucitado en el cielo. Cristo ha llevado nuestra naturaleza humana a la presencia de Dios. Esta verdad debe darnos una segura y cierta esperanza de su promesa que nosotros también un día seremos hechos aptos para ser resucitados, glorificados y estar por la eternidad en la presencia de Dios. Un día seremos plenamente santificados y permaneceremos delante de Dios sin ser destruidos. Jesús es la primicia de todos nosotros y él está en la presencia de Dios como un hombre resucitado intercediendo por nosotros. Él ha hecho el pago por los pecados de la humanidad que resucitará, será glorificada y vivirá para siempre con Dios.

## II. Su Rol Suficiente

Debido a que la naturaleza de Cristo era absolutamente única, su obra también fue única. Por eso es suficiente para nuestra salvación. Pongamos nuestra atención ahora en su obra.

El rol de Cristo es único porque es Dios y hombre a la vez. Esto lo convierte en nuestro único mediador entre Dios y el hombre (1 Tim. 2:5). En este rol actuó como un sustituto de su pueblo con el fin de tomar sobre sí mismo el castigo por el pecado. Así como Adán fue el primero de la raza humana, y actuó en nombre de toda la humanidad en su caída, de la misma manera Cristo es el primogénito de Dios y no actúa en nombre de toda la raza humana, sino en nombre de la nueva humanidad (Rom. 5:12-21). Su pueblo constituye la nueva humanidad. En nombre de su pueblo, él dio su vida para comprar su iglesia. Así fue como Cristo ganó nuestra salvación: Él tomó nuestro lugar. Actuando como sustituto, dio su vida a cambio de la nuestra. Todos y cada uno de los pecadores que han puesto fe en él solamente, que creen que Jesús vivió y murió por sus pecados, encuentran que él es el sustituto.

La idea de sustitución, o actuar como representante legal de alguien más, tal vez se pueda ilustrar mejor en nuestra sociedad contemporánea por el concepto de "un poder". Con un poder notarial firmado y notariado, una persona puede actuar en nombre de otra persona. Cuando eso sucede, por lo que respecta al gobierno, él mismo ha firmado porque el poder otorga autorización para una acción legal a su representante.

Así es como Dios trató a Adán para que actuara en nombre de toda la raza humana en Génesis capítulo 3. Podríamos argumentar que esto no es como nos gustaría que fuera, sin embargo, esto es lo que Dios nos dice que es. Y la buena noticia es que Cristo, el nuevo Adán, o lo que la Escritura llama el segundo o último Adán (1 Cor. 5:45), vino y actuó en nuestro nombre como nuestro representante legal. El pueblo por quien Jesús actuó será reconocible como tal, porque ellos son los que han confiado en él por haber hecho esto. El retrato de Cristo como sustituto, como representante de su pueblo, se encuentra en muchos lugares a lo largo tanto del Antiguo como del Nuevo Testamento. En el Antiguo Testamento, en ninguna parte se ve más claramente esto que en el capítulo 53:4-5 de Isaías:

> *Ciertamente El llevó nuestras enfermedades,*
> *y cargó con nuestros dolores;*
> *con todo, nosotros le tuvimos por azotado,*
> *por herido de Dios y afligido.*
> *Mas El fue herido por nuestras transgresiones,*
> *molido por nuestras iniquidades.*
> *El castigo, por nuestra paz, cayó sobre El,*

*y por sus heridas hemos sido sanados.*

En este pasaje el intercambio es claro. Hemos recibido lo que Jesús ganó y en cambio él recibió nuestro pecado y culpa. Él recibió nuestro castigo. Este es Jesús actuando a nuestro favor y en nuestro nombre. El profeta continúa: *"Por opresión y juicio fue quitado; y en cuanto a su generación, ¿quién tuvo en cuenta que El fuera cortado de la tierra de los vivientes por la transgresión de mi pueblo, a quien correspondía la herida (Is. 53:8)?"*

En el versículo 10 Isaías añade:

*Pero quiso el Señor quebrantarle, sometiéndole a padecimiento. Cuando El se entregue a sí mismo como ofrenda de expiación, verá a su descendencia, prolongará sus días, y la voluntad del Señor en su mano prosperará.*

Jesucristo fue un sustituto perfecto, actuando con el "poder" espiritual, en nombre de su pueblo. Cuando tomó sobre sí el castigo que nos merecíamos, y lo recibió voluntariamente en nuestro lugar, ofreciéndose a sí mismo como el Cordero de Dios (Jn. 1:29), su vida fue tomada a cambio de la nuestra.

En el Nuevo Testamento la idea de sustitución se ve en numerosos lugares. Vamos a revisar algunos pasajes de las Escrituras. Primero, en Marcos 10:45: *"Porque ni aun el Hijo del Hombre vino para ser servido, sino para servir, y para dar su vida en rescate por muchos."* Aquí en este pasaje la idea de sustitución es clara de dos maneras: primero se ve en la idea de un rescate. Su vida fue dada como un pago para muchas vidas. Hay una sustitución, o un intercambio, en todos los rescates. La segunda, aparece en la frase "por muchos." En el griego original, la preposición que se traduce "por", en "por muchos" es *anti*. Esto podría significar en contra, o en lugar de. En este contexto, significa en nombre de, o en lugar de. El Justo en lugar de todos los injustos.

En Primera Carta de Pedro dice: *"Porque también Cristo murió por los pecados una sola vez, el justo por los injustos, para llevarnos a Dios, muerto en la carne pero vivificado en el espíritu..." (3:18).*

Como pudo comprobar, Cristo murió por los pecadores para llevarnos a Dios. En este caso, la preposición que se traduce *"por"* es *huper*, lo que significa "en nombre de". El justo en favor de los injustos.

Esta misma preposición, *huper*, se utiliza en Juan 11:50, cuando el sumo sacerdote profetiza sin saberlo acerca de la salvación en Cristo. Él dice: "*Ni tenéis en cuenta que os es más conveniente que un hombre muera por el pueblo, y no que toda la nación perezca.*" El sentido de nuevo aquí es en nombre del pueblo.

Gálatas 3:13 dice: "*Cristo nos redimió de la maldición de la ley, habiéndose hecho maldición por nosotros...*". Se convirtió en una maldición en nuestro nombre. Así, debido a su naturaleza única como Mediador entre Dios y el hombre, Cristo fue el siervo de Dios que vino a vivir y morir como un sustituto por su propio pueblo. Solo Cristo en toda la historia está capacitado para realizar esta obra.

Este es el corazón del evangelio que viene directamente del corazón de Dios el Padre. Jesucristo, su amado Hijo, nos trae la salvación solo por gracia a través de la fe. De esta manera, a Dios le pertenece toda la gloria. En el corazón del eterno evangelio de Dios está este concepto de sustitución. Dios acredita o imputa nuestro pecado sobre su Hijo, quien muere y paga el precio completo que la ley exige. Así, Dios nos atribuye su justicia. Dios salva a los pecadores proporcionando un sustituto perfecto y único, que es su propio Hijo, Dios hecho hombre. Es solo Cristo quien hace este intercambio de la única manera que es aceptable a Dios.

Esta es una historia de los días revolucionarios franceses. Había un hombre que era muy querido por el pueblo durante la Revolución Francesa. Fue capturado, encarcelado y condenado a morir en la guillotina. Pero era muy querido por su propio padre. El día en que se llevaron a cabo las ejecuciones, se llamó nombre tras nombre y finalmente le llamaron a él. Pero su padre, siendo del mismo nombre, caminaba entre la multitud vestido para ser ejecutado y se ofreció a sí mismo. De esta manera, el padre fue decapitado mientras que su hijo fue puesto en libertad. Este es un buen cuadro de lo que Dios ha hecho por nosotros. Dios proveyó un sustituto, quien se ofreció a sí mismo a "ser decapitado en la guillotina a nuestro favor" y de esta manera compró nuestra libertad y nuestra vida eterna.[1]

Spurgeon dijo con respecto a la idea de la expiación sustitutiva:

*Esta verdad es para mí el núcleo mismo, el centro, la médula, la esencia vital del evangelio. El concepto de una expiación sustitutiva, una muerte sustitutiva, que satisfizo a Dios el Padre, es esencial* [2].

Puesto que esto es así, debemos predicar plena y cuidadosamente la sustitución de Jesucristo si queremos recuperar y sostener el evangelio bíblico. No debemos predicar alguna clase de cálido amor difuso de Dios, o algún amor teórico, o algún tipo de poder nebuloso de

Dios, que podemos aprovechar a nuestra conveniencia para resolver problemas financieros, psicológicos o sociales. Debemos predicar al Cristo histórico de la Biblia que fue el sustituto y que murió en una cruz, como está escrito, hace aproximadamente 2000 años en nombre de los pecadores. No hay manera de predicar un Cristo histórico y una cruz histórica sin predicar sobre el pecado. Nuestro pecado lo llevó a la cruz. De esta manera dejamos claro por qué tuvo que sufrir este tipo de muerte. Esto es necesario para explicar el valor de su muerte. Todas las otras clases de predicación que nos ponen a los seres humanos en el centro y quitan a Cristo de este lugar simplemente no salvarán al pecador.

En Gálatas 6:14, Pablo dice: *"Pero jamás acontezca que yo me gloríe, sino en la cruz de nuestro Señor Jesucristo, por el cual el mundo ha sido crucificado para mí y yo para el mundo."*

Pablo dice claramente que no tenemos nada para presumir en nuestras vidas cristianas, ninguno de nuestros conocimientos, ninguno de nuestros logros, ninguno de los libros que hemos escrito, ningún trabajo que hayamos realizado. No hay nada de que jactarse en nuestra vida cristiana excepto en la cruz de Jesucristo. Fue allí, por la gracia de Dios, que Cristo terminó la única obra que puede salvarnos por la eternidad.

Hace algún tiempo el gran predicador A. W. Tozer escribió estas palabras proféticas:

> *Si veo las cosas bien, la cruz del evangelicalismo popular no es la cruz del Nuevo Testamento. Es más bien un ornamento nuevo y brillante en el seno de un cristianismo seguro de sí mismo y carnal. La vieja cruz mató a los hombres; la nueva cruz los entretiene. La vieja cruz destruyó la confianza en la carne; la nueva cruz lo anima.*[4]

Lo que Tozer creía con claridad es que no había espacio para predicar un evangelio sentimental, ni tampoco había lugar para jactarse de nada, ni siquiera de nuestra fe. Todo lo que podemos gloriarnos es que Dios en Jesucristo ha hecho todo lo necesario por su gracia y misericordia para salvarnos.

## III. Su Trabajo Suficiente

Bueno, si nuestro único sustituto fue completamente suficiente, a continuación tenemos que explorar de qué manera su obra fue única y suficiente. ¿Qué hizo por nosotros y por qué es suficiente para salvarnos? ¿Por qué es tan suficiente lo que Jesucristo hizo por nuestra salvación? ¿Por qué es absoluta y completamente todo lo que necesitamos? Reflexionar sobre esta última pregunta es abrumador, tanto que es casi imposible captarlo en palabras. Es casi imposible incluir lo que la Escritura dice que sucedió cuando el Dios-hombre fue colgado en la cruz a nuestro favor.

Las palabras que la Biblia usa pueden describir, pero nunca pueden terminar el significado y el valor de lo que Cristo logró. Cuando Cristo murió, la Biblia habla de la propiciación, que se refiere al aplacamiento de la ira de Dios. La Biblia habla de nuestra reconciliación, que es la paz que se produce entre Dios y nosotros. La Biblia habla de redención, indicando que hemos sido rescatados, que hemos sido comprados. Habla de la justificación, hemos sido declarados justos, como ya hemos explicado. La Biblia habla también de santificación, hemos sido apartado para Dios. La Biblia habla que la muerte de Cristo logró el fin de la ley, la superación del mundo, la creación de todas las cosas nuevas, la destrucción de la muerte y del enemigo: Satanás.

Pero, para mantenernos enfocado en la exclusiva suficiencia de Cristo y en el valor de su obra por nosotros, resumamos esto de dos maneras. De una manera dura y triste lo que hizo Cristo fue que murió por nosotros. De una manera positiva y esperanzadora, lo que hizo Cristo fue que vivió por nosotros como nuestro sustituto. Como pecadores necesitamos ambas. Nosotros tenemos un problema doble. No solo tenemos una deuda con Dios imposible de pagar, debido a nuestra desobediencia a su ley, por todo nuestro pecado y por nuestra culpa; sino también necesitamos una justicia positiva, una verdadera santidad, para ser aceptados y recibidos por Dios. Es por eso que Cristo vivió por nosotros y murió por nosotros. Él logró ambas cosas como nuestro sustituto.

Permítanme presentar una metáfora financiera para ilustrar esta verdad y ayudar a comprender este concepto. Estamos moralmente en quiebra. Nuestra cuenta bancaria moral no solo se pone en cero, sino que está millones de dólares sobregirada. Además de eso, comprar el cielo costaría otros $10 millones. Por lo tanto, tenemos un doble problema. En primer lugar, necesitamos alguna manera de cubrir el saldo del déficit y las penalidades que debemos al banco. Si eso sucede, ¿qué hace eso? Eso nos lleva de vuelta al punto cero. Entonces, todavía necesitamos otros $10 millones depositados en la cuenta para llegar al cielo. Cristo hace ambas cosas por nosotros. Limpia nuestra deuda y paga nuestras penalidades, y luego nos da su justicia que ha comprado para nosotros, lo cual es análogo a los $10 millones que necesitamos. Cristo paga nuestra deuda y luego nos da lo que necesitamos de su justicia.

Ahora necesitamos profundizar un poco más en lo que la Biblia dice acerca de esto. Primero, Cristo murió por nosotros, ¿Cómo paga esto nuestra deuda? Esto se refiere a su ofrenda de sí mismo como un sacrificio en la cruz. Las Escrituras nos enseñan que cuando Cristo murió por nosotros, este fue el sacrificio que logró de una vez por todas lo que Dios nos pidió. Su muerte fue totalmente suficiente para lograr el pago por nuestra deuda.

Hebreos 10:10-12 nos ayuda a entender mejor la obra terminada de Jesucristo a nuestro favor. El autor dice:

*Por esta voluntad hemos sido santificados mediante la ofrenda del cuerpo de Jesucristo ofrecida de una vez para siempre. Y ciertamente todo sacerdote está de pie, día tras día, ministrando y ofreciendo muchas veces los mismos sacrificios, que nunca pueden quitar los pecados; pero Él, habiendo ofrecido un solo sacrificio por los pecados para siempre, SE SENTÓ A LA DIESTRA DE DIOS…*

La "voluntad" aquí mencionada es la voluntad de Dios mismo. Y la palabra usada en el idioma original indica una finalidad completa y absoluta cuando se ofreció a sí mismo como un sacrificio completo y suficiente, de una vez y para siempre. Curiosamente, en el tabernáculo y templo del Antiguo Testamento no había sillas para que los sacerdotes se sentaran. Esto fue porque el trabajo nunca se terminaba; tenían que ofrecer sacrificios día a día, semana tras semana, año tras año.

Nunca terminó. Sin embargo, Jesucristo se ofreció a sí mismo como un sacrificio una vez y para siempre.

De nuevo, el mismo término que indica *"de una vez para siempre"* se usa en Hebreos 9:26:

> *De otra manera le hubiera sido necesario sufrir muchas veces desde la fundación del mundo; pero ahora,* **una sola vez en la consumación de los siglos***, se ha manifestado para destruir el pecado por el sacrificio de sí mismo.*

Si no hubiese sido una sola vez en la consumación de los siglos, Cristo habría necesitado sufrir a menudo. Pero una vez en la consumación de los siglos se ha manifestado para quitar el pecado por el sacrificio de sí mismo. Cuando Cristo murió lo hizo una vez y para siempre. Su trabajo fue suficiente, adecuado y eficaz. Su obra no solo hizo posible la redención para nosotros, no solo era meramente una salvación potencial. Cristo logró nuestra verdadera y total salvación. Él completó la verdadera salvación de Dios por la humanidad.

En Hebreos 10:10, la frase *"… hemos sido santificados"* es un participio único en la lengua griega. Técnicamente, esto se llama un perfecto participio pasivo. El tiempo perfecto apunta a un acto terminado en el pasado, que tiene resultados en curso en el presente. La voz pasiva indica que no es una acción que hace el sujeto, nosotros mismos; sino que es una acción que recae sobre el sujeto, algo que hicieron por nosotros. El escritor de Hebreos está declarando de esta manera que somos nosotros por quien Cristo murió y que hemos sido santificados en el pasado por Dios. Es una obra hecha por Dios sobre nosotros y acabada. Como Jesús exclamó en la cruz: *"¡Consumado es! (¡Cumplido está!)."* En el pasado, su obra nos santificó para Dios. Ahora, él continúa santificándonos hasta que podamos estar listos para ver a Dios.

El punto vital que esto enseña y que debemos entender es que Cristo es nuestro sustituto y está actuando a nuestro favor como Sumo Sacerdote. Él se ofreció a sí mismo como el sacrificio que quitaría nuestros pecados y nos perfeccionaría en la presencia de Dios. Así que ahora, en la mente de Dios, esto ya ha ocurrido. Se terminó en el pasado y es un trato terminado. A pesar de que nosotros que vivimos en el tiempo actual, todavía experimentamos el proceso.

La muerte de Jesús fue extremadamente violenta. Reflexionar sobre la violencia de su muerte es un recordatorio de cómo es el pecado. En Isaías 53:5, donde se nos dice que Dios hizo caer sobre Cristo el castigo de todos nosotros, el término "caer" es un término demasiado suave para traernos el total significado de la acción. La palabra hebrea se traduce mejor como un "asalto violento". Esto indica que toda nuestra iniquidad quebrantó violentamente la naturaleza y la persona de Jesucristo. En ese mismo contexto, la palabra "oprimido" (53:7), refiriéndose a Jesús, significa tener una presión inconmensurable y aplastante sobre él. En  Isaías 53:10, donde dice que Dios quiso "quebrantarle", la palabra hebrea que se utiliza significa destruirlo, aniquilarlo. Tomando en cuenta todos estos elementos del lenguaje de Isaías 53, esto nos indica una violencia feroz infligida al Señor Jesús en su muerte.

Hagamos nuevamente la pregunta: ¿por qué su muerte violenta fue única? Había dos ladrones crucificados, uno a la izquierda de Jesús y otro a su derecha. Los tres recibieron el mismo castigo violento. Sin embargo, debemos recordar que la naturaleza de Cristo es absolutamente única y esto calificó la violencia infligida sobre él como única. Como hombre perfecto y sin pecado, como Dios santo, él es único. Además, Cristo sufrió la violencia por el pecado, el mal y la culpa que nos pertenecía le fue imputada. Cristo, como nuestro sustituto, fue quebrantado por Dios en un violento asalto a su naturaleza para pagar la culpa y la condena completa por nuestro pecado.

No debemos pensar en esta violencia hacia Cristo como una violencia física solamente. Esta fue una violencia espiritual que asaltó el corazón de Jesús y todo su ser. Esta violencia espiritual ocurrió cuando él, que era perfecto y que nunca había conocido ningún pecado, cargó con nuestro pecado en la cruz. Estaba tan unido con nuestro pecado imputado, que el Padre mismo le quebrantó y derramó toda su ira y odio por el pecado sobre él. El Hijo de Dios era y es perfecto, pero cuando nuestro pecado le fue contado a él, el Padre derramó todo su odio al pecado sobre su propio Hijo. La ira de Dios quedó satisfecha. Esta fue una muerte única que solo Jesús pudo experimentar, y solo él pudo sentir el impacto espiritual y el dolor físico como nuestro sustituto, como Dios y hombre.

La descripción bíblica de la muerte de Jesús no fue solo una tragedia. Fue un escándalo mucho más horrendo. La noche anterior a su muerte, Cristo se arrodilló en el jardín de Getsemaní y le rogó a su Padre: *"Padre mío, si es posible, que pase de mí esta copa; pero no sea como yo quiero, sino como tú quieras" (Mat. 26:39).*

En ese lugar la Escritura nos dice que sudó gotas de sangre (Luc. 22:44). Esta es una descripción que representa la agonía más allá de nuestra comprensión. No fue solo que se estaba muriendo físicamente lo que hizo que Jesús se retorciera en tal angustia, porque era un hombre de gran valor. Pero debido a que la paga del pecado es muerte, por lo tanto, Jesucristo como el Justo, que había aceptado morir en nuestro nombre, tuvo que ser violentamente sacrificado y separado de Dios. Esto es lo que significa la muerte en el contexto del pecado. Quien era completamente inocente, puro y santo tuvo que experimentar el horror de la separación de Dios, que nunca había conocido y los horrores del infierno, que son las consecuencias de nuestro pecado. Bebió la copa amarga de la ira de Dios cuando cargó con nuestro pecado.

La imputación de nuestro pecado a Cristo fue tan real y su muerte por nuestros pecados tan real e histórica, que a ese mismo grado infinito nuestros pecados han sido satisfactoriamente castigados. Verdaderamente, ha sido consumado. La salvación que Cristo ha logrado es una salvación completa. No hay absolutamente nada que añadir a ella porque es una obra gloriosa que satisface a Dios el Padre y se ha logrado completamente. Ha sido consumada y es por eso por lo que Cristo ha descansado y se ha sentado a la diestra de Dios. Este sacrificio infinito e insondable de su Hijo más preciado no fue hecho por Dios para ofrecernos solo *la posibilidad* de salvación. La buena noticia, el evangelio, nos trae a todos una *salvación ya realizada por Cristo*. Todo lo que necesitamos hacer es confiar en Jesucristo por la gracia de su Espíritu y nos apropiaremos de la salvación que Dios nos ha regalado.

El segundo aspecto de nuestro análisis es que Jesús vivió por nosotros. Adán se enfrentó a la tentación y fracasó. Jesús logró resistir a cada tentación a la que nos enfrentamos los seres humanos y fracasamos. Él resistió con éxito cada vez que fue tentado severamente. Nunca falló. Como resultado: *"Porque no tenemos un sumo sacerdote que no pueda compadecerse de nuestras flaquezas, sino uno que ha sido tentado en todo como nosotros, pero sin pecado (Heb. 4:15).* Como el libro de Hebreos continúa diciendo: *"...y aunque era Hijo, aprendió obediencia por lo que padeció; y habiendo sido hecho perfecto, vino a ser fuente de eterna salvación para todos los que le obedecen... (Heb. 5:8-9).*

Todo lo que Adán perdió en su desobediencia y se ha pasado a nosotros, Cristo lo revierte. ¿Qué nos legó Adán? Él nos dio el pecado, la culpa, la muerte espiritual, y física. Cristo, a través de su vida y muerte, nos da justicia, nos declara inocentes por nuestra culpa, nos da la vida espiritual eterna, y nos concede la inmortalidad física a través de nuestra resurrección de entre los muertos. Todo lo que perdimos en Adán, Cristo nos lo regresa a través de su vida, su obediencia, su muerte y su resurrección. Solo Cristo puede hacer esta obra porque él llevó una vida perfectamente sin pecado en nuestro lugar, y satisfizo la ira y la justicia de Dios. Al morir en nuestro lugar, Jesús es capaz de devolvernos todo lo que habíamos perdido. Por eso Pablo nos enseña que la justicia que viene de Dios no es una justicia que podemos ganar. Viene de Dios por su sola iniciativa y en su manera preestablecida. Se manifiesta como *"...la justicia de Dios por la fe en Jesucristo, para todos los que creen..."* (Romanos 3:22).

Como resultado, el Salvador no solo nos limpia de culpa y del castigo por nuestro pecado en su muerte, sino que también nos da la justicia que ha ganado a nuestro favor al obedecer perfectamente la ley de Dios. Dios ha aceptado y está satisfecho con la obra de Cristo. Por lo tanto, tenemos que creer a Dios y su palabra que esto es así. Cuando Dios dice que algo es suficiente, eso termina la discusión. La obra de Cristo está completamente hecha y Dios está satisfecho con esa obra. De esta manera, los medios y el método de salvación están establecidos desde ahora y para siempre. La cruz de Jesús muestra públicamente tanto la justicia como el amor de Dios al mismo tiempo. En el mismo acto, Dios castigó el pecado y manifestó su amor por su pueblo.

En la cruz Dios manifestó en la muerte de su único Hijo, su amor, su misericordia y su gracia a los pecadores. Sin duda, los que estaban alrededor no entendían ni sabían lo que estaba ocurriendo allí. Tal vez vieron la tragedia, la injusticia y otra muerte sin sentido a manos de los romanos. Pero Dios estaba logrando algo en esa cruz que ni ellos ni nosotros podíamos comprender si no fuera por su gracia. Él estaba demostrando su perfecta justicia, derramando su ira sobre el pecado y cargando el castigo en el cuerpo de su propio Hijo inocente. Y en ese acto también estaba estableciendo las bases justas para extender la misericordia, la gracia y el perdón de los pecados a una gran multitud que él había designado desde antes de la fundación del mundo para ser incluido en su reino. Ambos fueron logrados en un solo y mismo acto.

Y aquí tenemos ahora el mensaje del evangelio eterno de Dios que hemos estado tratando de recuperar. Ese mensaje es que por nosotros mismos no podemos lograr salvar este abismo de alienación y separación entre Dios y nosotros. Nuestra religión no podrá lograrlo. Sacerdotes, rabinos, consejeros, profetas o pastores no podrán lograrlo para nosotros. Los santos muertos no pueden lograrlo para nosotros. Todas las obras justas que podemos hacer o imaginar no pueden lograrlo. Por nosotros mismos, en nuestra naturaleza humana caída, no llegaremos a conocer a Dios ni alcanzar a Dios. Nuestra necesidad de hacerlo es absolutamente necesaria y absolutamente imposible.

Pero aquí está la buena noticia: el evangelio anuncia lo que cruza el abismo que nos separa de Dios. Dios ha cruzado ese abismo por nosotros en la persona de Jesucristo. Él ha resuelto nuestro dilema desde su lado y por su iniciativa. El evangelio nos dice que su gracia inmerecida es la base y el origen de nuestra posición ante Dios y no está basada en ninguna de nuestras actuaciones, sino solamente en la obra de Cristo. Recupere ese pensamiento otra vez: estamos delante de Dios como cristianos, confiando en Jesucristo, y estamos allí no basados en nuestra obra, sino en su obra en nuestro favor. Su obra está completa. Su obra es suficiente para satisfacer al Padre. Nunca se repetirá, porque fue adecuada, suficiente y eficiente. Dios solo se ha encargado del problema ciento por ciento. Mientras que la religión nos hace exigencias imposibles que nunca podemos lograr satisfactoriamente, el evangelio bíblico de Jesucristo nos da, y nos ofrece solo por la fe, la salvación solo por los méritos de Cristo.

Este evangelio de Jesucristo es simplemente una proclamación, una declaración del Rey. Es la demanda de Dios con autoridad para que confiemos y creamos solo en Cristo. Él nos manda, nos exhorta, nos insta a que confiemos en la obra terminada de su único Hijo.

Nos recomienda que dejemos de luchar por nuestra cuenta. Él nos manda y nos invita a que recibamos su amor y perdón. Él no solo nos habla, porque las palabras solas son baratas, sino que demuestra mediante obra viva y costosa de su Hijo que ya hemos recibido el perdón de nuestros pecados y que ya hemos pasado de la muerte a la vida. ¡Esto es una estupenda y asombrosa buena noticia!

Debemos recordarnos constantemente confiar en Cristo y no en nada ni en nadie más. Tal recordatorio nunca está fuera de lugar o pasa de moda. Es muy fácil deslizarse o dejar que algo más interfiera en nuestra atención. Cristo también es suficiente para nuestro ministerio. No debemos buscar el poder, la oportunidad o la eficacia en ningún otro lugar. Debemos estar de acuerdo con Pablo cuando dijo: *"…pues nada me propuse saber entre vosotros, excepto a Jesucristo, y éste crucificado" (1 Cort. 2:2).*

Aquí está el poder de Dios para la salvación. Ese poder es el evangelio. Este poder es para todos aquellos que creen. No busque alguna visión mística. No vaya a una segunda, tercera, cuarta, quinta o sexta bendición. No siga la última tendencia o innovaciones doctrinales. No confíe en las experiencias. Abandone toda forma de autoayuda, y simplemente confíe en la salvación y el amor de Jesucristo. Determine no saber nada, excepto de Cristo y solo de él. En Cristo está todo consumado. Lo que Cristo ha logrado por nosotros es más que suficiente. Basta confiar en Jesús completamente.

5

# DIOS SALVA A LOS PECADORES
# PARA SU GLORIA

¿Por qué Dios salva a los pecadores por gracia sola, a través de la fe sola, por Cristo solo? ¿Cuál es su meta final en la salvación? En este capítulo nos responderemos estas preguntas que nos ayudarán a entender mejor el plan soberano y estratégico por el que fuimos elegidos elegido, cumpliendo así un propósito final, específico y perfecto. Nuestro texto fundacional en esta exposición es Efesios capítulo 1:3-14. Sin embargo, para asegurarnos de hacer una mejor explicación nos apoyaremos también en muchos otros pasajes. Para mantener el texto de Efesios como guía en nuestra exposición, lo citamos aquí de nuevo en su totalidad.

*Bendito sea el Dios y Padre de nuestro Señor Jesucristo, que nos ha bendecido con toda bendición espiritual en los lugares celestiales en Cristo, según nos escogió en Él antes de la fundación del mundo, para que fuéramos santos y sin mancha delante de Él. En amor nos predestinó para adopción como hijos para sí mediante Jesucristo, conforme al beneplácito de su voluntad, para alabanza de la gloria de su gracia que gratuitamente ha impartido sobre nosotros en el Amado. En Él tenemos redención mediante su sangre, el perdón de nuestros pecados según las riquezas de su gracia que ha hecho abundar para con nosotros. En toda sabiduría y discernimiento nos dio a conocer el misterio de su voluntad, según el beneplácito que se propuso en Él, con miras a una buena administración en el cumplimiento de los tiempos, es decir, de reunir todas las cosas en Cristo, tanto las que están en los cielos, como las que están en la tierra. En Él también hemos obtenido herencia, habiendo sido predestinados según el propósito de aquel que obra todas las cosas conforme al consejo de su voluntad, a fin de que nosotros, que fuimos los primeros en esperar en Cristo, seamos para alabanza de su gloria. En Él también vosotros, después de escuchar el mensaje de la verdad, el evangelio de vuestra salvación, y habiendo creído, fuisteis sellados en Él con el Espíritu Santo de la promesa, que nos es dado como garantía de nuestra herencia, con miras a la redención de la posesión adquirida de Dios, para alabanza de su gloria. .*

Como hemos señalado anteriormente, los versículos del tres al catorce (3 al 14) constituyen quizás la oración más larga en el Nuevo Testamento griego. Pablo no termina ninguna frase aquí. Es una coma después de la coma despúes de la coma, mientras que vierte sus pensamientos en la grandeza y la maravilla de nuestra salvación. En tres ocasiones en estos versos él menciona la frase, "*…para la alabanza de su gloria (Ef. 1:6,12,14)."*

Esta extensa exaltación pone juntas muchas frases pequeñas. Él nos está dando la razón por la que Dios nos ha escogido, nos ha adoptado a algunos de nosotros como sus hijos y nos ha redimido a través de la sangre de su Hijo. Puesto que éramos enemigos, ¿por qué nos ha dado esta herencia? Continuamente Pablo señala que todo es para la alabanza de su propia gloria. Este fue el propósito de Dios al hacer todas estas cosas. Esta es la razón más profunda de por qué Dios salva a los pecadores solo por la gracia, solo por la fe y solo por Jesucristo. ¡Todo es para su gloria!

El propósito supremo de Dios solo es su gloria. Explicando esta verdad podemos decir que Dios busca exaltar su gloria y manifestar su propia gloria en todas las cosas que hace. Dios quiere que todo el universo le exprese su alabanza. Dios salva a los pecadores solamente para su gloria.

Cuando un maestro artesano o un artista ejerce todas sus habilidades para crear una obra de arte, lo que lo destaca, atrae nuestra admiración y nuestro respeto no es el material con el que el artista está trabajando. No es la piedra, el lienzo o las pinturas lo que se convierten en el foco de nuestra admiración, estos son los recursos con los que el artista ha trabajado. Lo que cautiva nuestras mentes y genera nuestra admiración cuando miramos la obra de arte es la habilidad, talento y la destreza que desplegó en su creación. Los dones y talentos dan expresión a su obra y esta muestra entonces la destreza de su creador generando su gloria. Es debido a que estas habilidades, talento y destreza están realmente conectados y asociados con un individuo en particular, aprendemos y podemos apreciar algo acerca del artista-creador. Su creación artística muestra su visión, su poder y su gloria. A través de esta obra de arte el creador expresa y comunica quién es y lo qué desea decir.

Así sucede con Dios. Él es el Supremo Creador. Él también se ha dado a conocer a nosotros y se revela a través del universo y su orden creado. La creación lo revela, como dice el Salmo 19:1: *"Los cielos proclaman la gloria de Dios, y la expansión anuncia la obra de sus manos."* En la Epístola a los Romanos Pablo nos enseña que en la creación podemos discernir el poder y la deidad de Dios, aunque nuestra percepción puede estar equivocada (Rom. 1:19-23). También en la obra de salvación ha revelado una creación completamente nueva que está desarrollando, como la Biblia nos revela. En esta nueva creación, Dios muestra su honor, su carácter y su gloria.

En Efesios 2:10 dice que somos obra suya. Es decir, nosotros los cristianos somos su obra maestra, su obra creada en Cristo Jesús. Por lo tanto, imagínese a Dios como un gran artesano que se sienta a la rueda del alfarero. Él toma un trozo de arcilla y le da forma. Al hacer esto lo hace para exhibir la gloria de su gracia eligiendo el material y la forma que le dará a su vasija. Mientras la rueda gira, Dios aplica presión y trabaja con su arcilla escogida formando lo que las Escrituras llaman "vasos para honra (Rom. 9:22)". Somos creados de nuevo para mostrar su gracia. Sí, Dios salva a los pecadores que están muertos en el pecado, cuyos corazones y mentes son hostiles hacia él y rechazan con injusticia su verdad. Dios toma a los pecadores como nosotros y nos salva solo por su gracia a través de la sola fe, de tal modo que, cuando finalmente seamos glorificados y exhibidos ante toda la creación, su gracia será alabada por toda la eternidad. Esta es nuestra tesis básica para este estudio.

Hagamos tres preguntas a esta tesis para explicarla correctamente. Estamos certificando la afirmación de que Dios salva a los pecadores solo para su gloria. Nuestra primera pregunta es, ¿qué es la gloria de Dios? En segundo lugar, ¿por qué Dios busca glorificarse a sí mismo? Y, por último, ¿cómo nuestra salvación, en la forma en que lo ha estructurado, trae gloria a Dios solamente?

## I. ¿Qué es la Gloria de Dios?

En primer lugar, ¿qué es la gloria de Dios? La palabra hebrea principal en el Antiguo Testamento usada para gloria significa literalmente, pesado o algo con mucha carga. Esto se deriva de la mentalidad de los hebreos en aquellos días. Pensaban que, si algo era excelente, valioso o digno de honor, era pesado o difícil de cargar. Por ejemplo, si un rey poseía gloria era porque tenía peso en el poder militar o mucho oro. Para la mente hebrea su poder y su riqueza lo hicieron tan pesado y, por lo tanto, usaron esta palabra para referirse a la gloria. Y por extensión, cualquiera que poseía poder y riquezas era digno de respeto y digno de honor.

Por lo tanto, debemos preguntar qué hace a Dios digno de honor. ¿Cuál es el peso de Dios? Para él no es el poder militar o las riquezas. Él tiene todo poder y es dueño del universo. A Dios le pertenece todo lo que existe. La mejor manera de entender la gloria de Dios es plasmar la suma total de todo lo que él es en sí mismo, es la suma total de todos sus atributos.

Lo que esto significa es que el amor no es la única gloria de Dios, ni la gracia es toda su gloria. Todo lo que comprende la totalidad de sus atributos, todo lo que Dios es su esencia, es su propia gloria. El resplandor de todo lo que Dios es y hace muestran su gloria. En algunas ocasiones Dios revela esta gloria. Por ejemplo, Jesucristo en el Monte de la Transfiguración fue transformado y los tres discípulos vieron brevemente por un momento esta gloria (Mat. 17:1-8).

Por lo tanto, cuando Dios salva a los pecadores para la alabanza de su gloria, su propósito principal es mostrar abiertamente su propia gloria. Dios está revelando su gracia y toda su creación. Romanos 9:23 dice: *"Lo hizo para dar a conocer las riquezas de su gloria sobre los vasos de misericordia, que de antemano El preparó para gloria…"* Dios ha salvado a algunos pecadores y ha pasado por alto a otros a fin de "dar a conocer las riquezas de su gloria". Esta es una declaración de propósito, indicada por la preposición "para". La gloria de Dios es eterna, siempre ha existido, pero no ha sido revelada a nuestra vista, a nuestra mente y a nuestro corazón hasta que Dios lo hace por su voluntad.

Esta fue la motivación de Dios cuando planificó y concibió salvar a algunos pecadores: mostrar su gracia y su bondad. Deseaba hacer esto manifiesto a todos. Dios no necesitaba aclararlo, porque él lo sabe todo desde la eternidad. Dios nos quiso revelar esto para ser glorificado y para que pudiéramos alabarlo debidamente.

## II. ¿Por qué Dios se glorifica a sí mismo?

Lógicamente, esto nos lleva a una segunda pregunta, ¿por qué Dios hace esto? Suena para nuestros oídos como que Dios es un egoísta o un egocéntrico. Nuestras mentes naturales cuestionan si esto es algo bueno. Esto suena como narcisismo celestial o como vanidad. ¿Puede Dios ser egoísta? Él se está alabando y engrandeciendo. Pero esto no es egoísmo en Dios. Para hacer este punto aún más enfático, Dios se exalta a si mismo incluso en nuestra salvación. Pero, contrariamente a nuestro punto de vista normal, la salvación no es un fin en si misma, es el medio para un fin mucho mayor: Magnificar la alabanza de la gloria de su gracia. No hay duda de ello, Dios está interesado en promocionarse a sí mismo y su propia gloria. Como dice Isaías 42:8: *"Yo soy el Señor, ése es Mi nombre; mi gloria a otro no daré."* Dios es celoso de su propia gloria y no la compartirá.

En Juan 17 vemos al Padre glorificando al Hijo y al Hijo glorificando al Padre. Jesús oró y dijo estas palabras: *"Padre, la hora ha llegado; glorifica a tu Hijo, para que el Hijo te glorifique a ti… (Jn. 17:1)"* Más adelante, en el versículo 5, Jesús dice: *"Y ahora, glorifícame tú, Padre, junto a ti, con la gloria que tenía contigo antes que el mundo existiera. "* El Padre glorifica al Hijo, que es Dios; el Hijo glorifica al Padre, porque también es Dios. Por lo tanto, la acción de Jesús glorificó a Dios. Toda esta glorificación se centra en la cruz de Cristo y la cruz es el extracto de la glorificación de Dios. El Espíritu también glorifica al Hijo, nos dicen las Escrituras (Jn. 16:14-15).

Las tres personas de Dios manifiestan su gloria y lo hacen especialmente en la cruz de Jesús.

Necesitamos captar una idea importante en esto. Dios realmente se deleita en magnificarse a sí mismo. Él está contento en el proceso de hacerlo. Mateo 12:18 dice: *"Mirad, mi Siervo, a quien he escogido; mi amado en quien se agrada mi alma..."* Esto se vuelve significativo para nosotros cuando recordamos que Dios se glorifica a sí mismo lo hace de acuerdo con la verdad. Y puesto que Dios nunca cambia, es eternamente el mismo, su gloria sigue siendo la misma. Él es el mismo ayer, hoy y por los siglos. Esto significa que Dios siempre ha sido intencional y deliberadamente claro en alabar la gloria de su gracia y de su nombre. Puesto que Dios es siempre el mismo y nunca cambia, su celo por su gloria permanece constante para siempre. Dios es el mismo, siempre glorificándose y alabándose a sí mismo. Tenga en cuenta con mucho cuidado. El enfoque de glorificarse a sí mismo a través de la salvación de los pecadores es el objetivo absoluto de su motivación.

¿Por qué Dios haría esto? La respuesta es porque es Dios. Solo Dios puede promover y exaltar la perfección absoluta porque solo él es la perfección absoluta. No hay otro objeto o ser más perfecto que Dios. Por lo tanto, al glorificarse y alabarse a sí mismo está exaltando y promoviendo lo que es el sumo bien: A él mismo, que es la absoluta perfección. Glorificar cualquier otra cosa sería centrarse en algo menor y Dios no puede hacer eso. De lo contrario, como hemos señalado, sería un idólatra como nosotros. Y ese pensamiento es absurdo y blasfemo.

Por ejemplo, si Dios quiere promover y magnificar el amor debe manifestar el amor en sí mismo, porque solo Dios es perfecto. Si Dios quiere magnificar la verdadera justicia, entonces debe promoverla y magnificarla en sí mismo, porque solo Dios es perfectamente justo. Así sucede con todos sus otros atributos. La distinción es que cuando Dios se magnifica o glorifica, no es egoísmo ni vanidad. Pero en cada otra criatura, en cada ser creado, tal enfoque es siempre egoísmo e idólatra. En Dios, esto no es así. Solo Dios puede magnificar así mismo porque él es verdadero y absolutamente glorioso.

El pastor John Piper, basado en las obras del predicador puritano, Jonathan Edwards, escribió un libro titulado, *The Pleasures of God (Los deleites de Dios)*. En este libro desarrolló algunos argumentos muy interesantes. En un punto dice:

*Fuimos creados para algo infinitamente mejor, más noble, más grande y profundo que la autocontemplación. Fuimos creados para la contemplación y el disfrute de Dios. Cualquier cosa menos que esto sería idolatría para él y decepción para nosotros. La vida es evidencia de esto. Mira tu propia vida. Dios es el más glorioso de todos los seres. No amarlo y deleitarse en él es una gran pérdida para nosotros, y lo insulta.*[1]

Piper continúa:

*¿Cómo evitaría Dios lo que es infinitamente hermoso y glorioso? ¿Cómo no cometerá Dios la idolatría? Hay una sola respuesta posible. Dios debe amar y deleitarse en su propia belleza y perfección por encima de todas las cosas. Para nosotros hacer esto delante de un espejo es la esencia*

*de la vanidad. Pero al hacerlo Dios para con su Hijo, no hace más que aquello que es esencialmente justicia.*

*Por lo tanto, la justicia de Dios es el celo infinito y la alegría y el placer que él tiene en lo que es supremamente valioso, es decir, su propia perfección y valor. Y si alguna vez fuera a obrar en contra, incluso una vez, a esta eterna pasión por sus propias perfecciones, entonces sería injusto y por lo tanto sería un idólatra.[2]*

Recapitulando. ¿Por qué Dios se gloría en sí mismo? Lo hace porque Dios, siendo Dios, debe adorar y promover y exaltar apasionadamente lo que es absolutamente verdadero, y solo Dios es completamente verdadero, perfectamente fiel y perfectamente justo.

Por lo tanto, toda la obra de salvación es Dios trabajando para eliminar el obstáculo que nos impide mirar a su rostro, glorificarle y adorarlo. Dios hace esto posible porque simplemente verlo como él es nos destruiría completamente si tuviéramos algún pecado en nosotros. Dios ahora ha hecho posible que nosotros lo contemplemos con seguridad y debemos hacerlo porque él es nuestra fuente de vida.

Debemos aceptar su gloriosa y su cortes invitación a involucrarnos en lo mismo con lo que él está involucrado: glorificar a Dios en Cristo. Debemos glorificarle y darle gloria porque si nos miramos por mucho tiempo nos sentiremos decepcionados. Si buscamos nuestra satisfacción en cualquier cosa o en cualquier otra persona, estaremos verdadera y eternamente decepcionados. La salvación puede ser vista como nosotros uniéndonos a Dios en su propia glorificación. Si Dios se valora a si mismo sobre todas las cosas, entonces también debemos amarlo, adorarlo y valorarlo, sobre todo. Él es el bien supremo y absoluto de todo lo que existe, aparte de cualquier bien mayor que no se puede imaginar. Dios al atraernos a esta adoración promueve los mejores efectos prácticos en nuestras vidas.

Usemos un viejo aforismo que dice "lo que mira se hace". Es decir, mirar a Jesús es una manera de llegar a ser como él es, glorioso. Mientras permanezcamos en Cristo y lo miremos a él, esta unión y su poder soberano nos transformarán cada vez más a su imagen. La imagen de Dios se restaurará en nosotros. Esto es lo que Pablo dice en 2 Corintios 3:18: *"Pero nosotros todos, con el rostro descubierto, contemplando como en un espejo la gloria del Señor, estamos siendo transformados en la misma imagen de gloria en gloria, como por el Señor, el Espíritu."* Sin dudas, Pablo se refería al Antiguo Testamento donde Moisés vio la gloria de Dios y su rostro lo reflejaba. Pero en el Nuevo Testamento lo estamos viendo a través del evangelio de Cristo, y esto es mucho más glorioso. Mientras contemplamos y meditamos sobre el carácter y la gloria de Cristo, él por su Espíritu hace la obra de transformación en nosotros. Poner nuestra mirada en Cristo es una manera de llegar a ser como él.

Podemos encontrar algunas analogías en la vida. Piense en los niños y en sus héroes deportivos. Ellos imitan su forma de ser, su forma de caminar y los diferentes atributos que admiran de su héroe. Si este héroe es un jugador de béisbol, ellos tratan de mover el bate de la misma manera, se paran de la misma manera en el home play y calientan de la misma manera. ¿Por qué? Porque admiran profundamente a su héroe. Ellos admiran, saborean sus logros y anhelan ser como ellos.

Desean profundamente convertirse en su icono. También podemos ver ejemplos negativos, de nuevo con los niños. Cuántos padres con hijos oyen algo que sale de la boca de un niño y dicen: -¡Vaya! Eso es exactamente lo que dije. El niño que admira a su padre ha estado escuchando con mucho cuidado, más de lo que pensábamos, y está actuando por imitación porque el niño quiere ser como el padre. Incluso, a veces imitan cosas que no deseamos que imitaran.

Nosotros debemos preguntarnos dónde hemos puesto nuestra meta y nuestro deseo. ¿Están enfocados en los objetos apropiados? ¿Cómo profundizamos para poder discernir la respuesta? Considere dos maneras. En primer lugar, tenemos que preguntarnos qué es lo más nos apasiona. ¿Cuál es la motivación mayor de nuestro corazón? ¿Qué estamos construyendo y modelando en nuestra vida?

Puede suceder que si nos examinamos cuidadosamente encontraremos que hemos estado enfocados en una carrera profesional, en un estilo de vida glamoroso, en una celebridad de turno a la que admiramos. Entonces, debemos examinar si nuestro modelo a seguir es Jesús. Él nos ha dicho: *"...porque donde esté tu tesoro, allí estará también tu corazón (Mat. 6:21)."* A veces hemos enfocado los deseos de nuestro corazón sobre cosas sin siquiera saber que no son pecaminosas por sí mismas. Sin embargo, son un pobre sustituto de contemplar a Dios, admirarlo y crecer más y más a su imagen. Mateo nos dice, citando el Antiguo Testamento: *"Amaras al Señor tu Dios con todo tu corazón, y con toda tu alma, y con toda tu mente* (Mat. 22:36)."

Como seres humanos tenemos una necesidad profunda e inalterable de amar y adorar. Si necesitamos suplir esa necesidad debemos saber que en Jesucristo viven todas las perfecciones. Si necesitamos misericordia, debemos centrarnos en Jesús, porque él es misericordioso. Si buscamos amor, debemos centrarnos en Jesús, porque él es amor. Cualquiera que sea la verdadera virtud que buscamos debemos tener siempre presente que el ejemplo supremo y más claro de ella se encuentra en Jesucristo. Mirar a Jesús y enfocar nuestra vida en él es precisamente lo que más necesitamos hacer. Por eso el autor de la carta a los hebreos nos amonesta en medio de las pruebas de nuestra fe para seguir fijando nuestros ojos en Jesús, para mirarlo fijamente y para que podamos ser como él. Jesús es el autor y perfeccionador de nuestra fe, que fue delante de nosotros ante el trono de Dios, y al mirarle, buscarle y admirarlo nos volvemos como él (Heb. 12:1-2).

A menudo no nos damos cuenta de lo que estamos haciendo. Nos hipnotizamos por algo que capta nuestro corazón, lo contemplamos e incluso lo adoramos, hasta que ha sacado nuestros corazones del enfoque que debemos tener solo en Dios. Ni siquiera nos damos cuenta de que nos estamos alejando hasta que Dios mismo nos despierta. Si no fuera por el cuidado que Dios tiene sobre nosotros, no nos aferraríamos a él.

¿Cómo lo hace? Dios tiene muchas maneras. A veces tiene que molestarnos para quitar el ídolo al que nos hemos aferrado. Sucede igual que el padre que le apaga la televisión a un niño que se niega y está demasiado centrado en lo que está viendo. Cuando eso sucede, ¿qué suele suceder? Ira, desánimo y resentimiento. ¡Nuestra carne grita que queríamos nuestro ídolo!

Muchas cosas, como la televisión, no son necesariamente malas en sí mismas, pero cuando estamos tan absortos, enfocados y casi hipnotizados en ella, pueden causarnos un gran daño. Estar tan enfocados en algo que no sea Dios y desearlo excesivamente nos lleva a la idolatría. Por lo tanto, Dios puede venir y "apagarlo", por así decirlo, mientras nuestra ira brota dentro de nosotros. Dios nos dice en ese momento: "¿Mírate ti mismo? Esto es lo que estabas haciendo. ¿No está tu amor fuera de lugar? ¿Reconoces esto? ¿Por qué deberías estar tan enojado por algo tan secundario que querías tan apasionadamente y al no retenerlo te molestaste? Esta es una forma de demostrar nuestras reacciones emocionales para discernir lo que realmente consume nuestros corazones. Dios no nos dejará destruirnos a nosotros mismos. Dios interrumpirá cualquier deseo desordenado en nosotros que nos impida ver su gloria.

En consecuencia, con su obra, el Señor organiza su providencia hacia nosotros para mostrarnos su gloria. Esto puede ocurrir cuando actuamosdesordenadamente y nos desenfocamos. Es por eso, que Dios tiene maneras de interrumpir nuestras vidas y mostrarnos que hemos perdido nuestro interés por él. Hemos llegado a tener un corazón dividido.

Es en este punto de nuestras vidas que deberíamos examinarnos para ver cuáles son aquellas cosas que buscamos tan apasionadamente y que nos mantienen alejados de Dios. Debemos identificarlas y ver las circunstancias que están frustrando nuestros deseos. Dios busca que desarrollemos el hábito de buscarle apasionada e ininterrumpidamente. Dios quiere manifestar su gloria y su gracia atrayéndonos a una relación de amor cada vez más profunda con él.

## III. ¿Cómo glorifica la salvación a Dios?

Para responder esta pregunta correctamente necesitamos establecer que la intención de Dios es salvar a los pecadores para su gloria.

El profeta Isaías hace una observación importante. En el capítulo 61:1-3

> *El Espíritu del Señor Dios está sobre mí,*
> *porque me ha ungido el Señor*
> *para traer buenas nuevas a los afligidos;*
> *me ha enviado para vendar a los quebrantados de corazón,*
> *para proclamar libertad a los cautivos*
> *y liberación a los prisioneros;*
> *para proclamar el año favorable del Señor,*
> *y el día de venganza de nuestro Dios;*
> *para consolar a todos los que lloran,*
> *para conceder que a los que lloran en Sion*
> *se les dé diadema en vez de ceniza,*
> *aceite de alegría en vez de luto,*
> *manto de alabanza en vez de espíritu abatido;*
> *para que sean llamados robles de justicia,*
> *plantío del Señor, para que Él sea glorificado.*

Si nota las últimas palabras de este pasaje"... *para que El sea glorificado.*" Aquí podemos ver el propósito declarado de la salvación que vino a traer el Señor

Cuando Jesús leyó estas palabras en la sinagoga habló de sí mismo como el cumplimiento de esta profecía (Luc. 4:21). Él dijo en ese momento: "*El Espíritu del*

*Señor Dios está sobre mí, porque me ha ungido el Señor…"*. De esta manera Jesús comienza a hablar de la salvación que trae a la humanidad. Los pecadores ahora serán llamados *"robles (árboles) de justicia"* (Is. 61:1). Dios, por su gracia, los ha sembrado (Is. 61:2). ¿Por qué Dios salva a los pecadores de esta manera? Para ser glorificado (Is. 61:3).

Dios se glorifica a sí mismo al lograr nuestra salvación solo por gracia, solo por la fe y solo por los méritos de Cristo eliminando toda posibilidad para que el ser humano se jacte. No hay posibilidad de que el hombre se gloríe en sí mismo por esta salvación. Pablo lo dice en 1 Corintios 1:26-29:

> *Pues considerad, hermanos, vuestro llamamiento; no hubo muchos sabios conforme a la carne, ni muchos poderosos, ni muchos nobles; sino que Dios ha escogido lo necio del mundo, para avergonzar a los sabios; y Dios ha escogido lo débil del mundo, para avergonzar a lo que es fuerte; y lo vil y despreciado del mundo ha escogido Dios; lo que no es, para anular lo que es; para que nadie se jacte delante de Dios.*

Parafraseando estos versículos, Pablo nos está diciendo que Dios se deleita en escoger a los que este mundo desprecia y mira como perdedores. Él escoge a estas personas y las salva solo por su gracia inmerecida, solo por la fe y solo por la obra de Cristo, para que el hombre no tenga jamás en que jactarse. Él se para delante de los seres humanos y les dice:- Esto yo lo he decidido y lo he hecho, aquí nada han hecho ustedes.

En los versículos que siguen a continuación en 1 Corintios 1:30-31. Pablo le dice a los corintios que ellos mismos estaban entre estas personas despreciadas por el mundo que Dios ha escogido por su gracia y que si hay algún motivo para gloriarse hay que hacerlo en el Señor. *"Mas por obra suya estáis vosotros en Cristo Jesús, el cual se hizo para nosotros sabiduría de Dios, y justificación, y santificación, y redención, para que, tal como está escrito: El que se gloria, que se gloríe en el Señor."*

Note además que Pablo afirma que todo esto ha ocurrido *"por obra suya"*. Así que, si somos cristianos es solo *"por obra suya."* No es por nuestras obras o por nuestro mérito. Es solo por Dios. "La salvación es del Señor".

Afirmamos nuevamente que la razón por la que Dios nos salva solo por gracia, evitando cualquier contribución nuestra, es porque él debe exaltarse a sí mismo. Dios es el ser más grande y magnífico en el universo. Por lo tanto, debemos venir a alabarlo y magnificarlo en nuestra salvación y no seguir exaltando nuestra gloria. No hemos hecho nada, ha sido solo por su libre gracia. Si no fuera así, no sería gracia y no recibiría Dios toda la gloria. Todo esto se debe al hecho de que Dios es celoso y apasionado de su propia gloria. Dios ha diseñado y ejecutado el plan de salvación para magnificar su propia gloria.

Por eso el evangelio es la buena noticia de Dios al hombre pecador. Es buena noticia porque es el alivio final de todas nuestras luchas por tratar de salvarnos por nosotros mismos. Dios no hizo su obra y luego se alejó con la esperanza de que algún día alguien podría averiguarlo por sí mismo y venir a Jesús para ser salvo. El Dios Todopoderoso no es impotente y no es ineficiente. Dios providencialmente controla todo lo que sucede y eso incluye la aplicación del evangelio. Por mucho que a nuestra naturaleza pecaminosa no le guste, Dios diseñó un plan para salvarnos y ese plan no es de nosotros mismos.

Espíritu Santo tiene un profundo efecto en nuestra fe y en nuestras vidas. Él clarifica nuestras mentes y nuestra comprensión de Dios. El Espíritu Santo nos enseña que nos ha amado antes de la fundación del mundo, que ha hecho todo lo necesario para perdonar nuestro pecado y asegura nuestra presencia en la eternidad. Nuestros méritos y nuestro valor y nuestros esfuerzos no tienen nada que ver con nuestra redención. Nuestra seguridad eterna como posesión de Dios descansa total y exclusivamente en su favor hacia nosotros y en su gracia, que nunca fallan.

Esto claramente significa que Dios nunca perderá a ninguno de sus hijos. Sus hijos escogidos nunca caerán de la gracia. Este es el centro, la fuente, de toda la verdadera motivación cristiana. Nuestras obras que hacemos deben basarse en la gratitud por esta increíble gracia. Tal bendición enorme, inesperada y no merecida debe expresarse en nosotros con total gratitud. Él ha prometido su favor y nunca fallará a sus promesas.

Ningún esfuerzo humano, ninguna ley, ni siquiera la perfecta Ley de Dios, podría producir esa aceptación. Nada de lo que podamos hacer conseguirá otra cosa que culpa, porque en el fondo sabemos que no podemos cumplir. La única razón por las que algunas personas siguen pensando que pueden cumplir la ley de Dios es porque han reducido a cinco o seis o diez cuestiones que consideran las más importantes. Llegamos a imaginar que nuestro reducido número de reglas son más fáciles de cumplir, pero no es así, aún a estas fallamos.

Si queremos intentar vivir la perfecta ley de Dios y la miramos atentamente, esta nos dice: *"Amarás al Señor tu Dios con todo tu corazón, y con toda tu alma, y con toda tu mente. Este es el grande y el primer mandamiento. Y el segundo es semejante a éste: Amarás a tu prójimo como a ti mismo (Mat. 22:36-39)."* ¿Podrás hacer esto perfectamente y para siempre? Por supuesto que no. La ley nunca te da el poder para obedecerla. Intentar subir y entrar en el cielo con Dios queriendo obedecer la ley solo conduce a la desesperación y la destrucción. La salvación que Dios diseñó es solamente por gracia. Jesucristo verdaderamente amó a Dios con todo su corazón, alma, mente y fuerza. Solo él cumplió con todos los aspectos de la ley de Dios. Esto hizo posible que la salvación de Dios pudiera ser por su gracia solo a través de la fe solamente. Dios está completamente en control.

La manera en la que Dios obra en la salvación pone en exhibición varios de sus atributos. Así como un artista, revela cosas acerca de su habilidad y su talento cuando crea algo con sus manos; Dios revela su carácter cuando nos salva por su gracia. ¿Qué nos dice la cruz de Jesucristo acerca de Dios? Lo primero que nos revela es su amor perfecto. Juan 3:16 nos dice: *"Porque de tal manera amó Dios al mundo, que dio a su Hijo unigénito (único)..."* La acción de dar a su Hijo único nos muestra la intimidad profunda de su amor. Romanos 5:8 nos dice: *"Pero Dios demuestra su amor para con nosotros, en que, siendo aún pecadores, Cristo murió por nosotros."* La segunda cosa que esto pone en evidencia es la misericordia de Dios. Romanos 11:30 dice: *"Pues así como vosotros en otro tiempo fuisteis desobedientes a Dios, pero ahora se os ha mostrado misericordia por razón de la desobediencia de ellos…"* ¿Qué es realmente la misericordia? Es no conseguir lo que merecemos: Nos merecemos la condenación y en cambio Dios nos da su bendición. La ley de Dios demuestra claramente que merecemos condenación de Dios y, sin embargo, ahora Dios nos ha mostrado misericordia en Cristo Jesús.

La cruz también pone en evidencia la justicia perfecta de Dios. Dios ha dicho en su palabra que no permitirá que el culpable quede impune (Prov. 11:21, 16:5). Entonces, ¿cómo revela esto la cruz? En la cruz la culpa de nuestro pecado ha sido castigada. Dios derramó cada onza de su justicia sobre Cristo por todos nuestros pecados. Él castigó todo nuestro pecado en su propio Hijo. La justicia para nosotros estaba completamente satisfecha. Por lo tanto, la cruz demuestra la perfecta justicia de Dios. El pecado nunca es barrido bajo la alfombra o ignorado, mas bien ha sido juzgado en la cruz de Cristo.

El plan de salvación de Dios por la cruz muestra al universo la justicia absoluta de Dios. En Romanos 1:17 dice: *"Porque en el evangelio la justicia de Dios se revela por fe y para fe."* La salvación por la gracia de Dios solamente en la cruz de Cristo revela claramente el poder impresionante e infinito de Dios. Un versículo antes, en Romanos 1:16, Pablo dice: *"Porque no me avergüenzo del evangelio, pues es el poder de Dios para la salvación."* No podemos entender el poder con el que Dios resucitó a Jesús de entre los muertos; está más allá de nuestro entendimiento. Es este el mismo poder de Dios que toma pecadores rebeldes y lo hace una nueva creación.

De gran importancia es la revelación de la gracia de Dios en el plan de Dios implementado en la cruz. Es allí, desde la fundación del mundo y hasta el final de la historia que la gracia de Dios se manifiesta. Él no retrocede ni siquiera por el peor de los pecadores. Dios no escatimó nada, ni siquiera el mayor sacrificio personal, que fue su Hijo Jesucristo. Y aun ahora, mientras sus hijos continúan pecando, él no retiene las bendiciones más grandes y necesarias: Su perdón y su misericordia. Por lo tanto, este tipo de salvación en el evangelio bíblico muestra la abundante gracia de Dios.

Por último, el camino de salvación de Dios pone en evidencia su sabiduría. La manera excepcional y única en la que Dios ideó el plan de salvación y lo llevó a cabo está más allá de cualquier cosa que los humanos hubieran inventado. Además, si Dios no hubiera creado el plan para salvar a los pecadores de esta manera, algunos de sus atributos tal vez nunca se hubieran manifestado. Ciertamente no había necesidad de misericordia entre el Padre, el Hijo y el Espíritu Santo. Y, sin embargo, Dios es perfectamente misericordioso. A menos que Dios actuara así en el orden creado, fuera de sí mismo, y hubiera hecho lo que hizo por los pecadores, la misericordia nunca pudo haber sido exhibida. Puesto que Dios siempre busca glorificarse a sí mismo, aparentemente esto era perfectamente sabio y el mejor de todos los caminos posibles para que lo hiciera. Podemos inferir que Dios se magnifica más al hacer las cosas de esta manera que de cualquier otra manera. Porque esto es lo que Dios va a hacer por toda la eternidad: Glorificarse a sí mismo.

Por lo tanto, si queremos lograr nuestro objetivo de recuperar el evangelio bíblico, debemos recordar que el evangelio comienza solo con Dios. Dios origina el evangelio y es el centro del evangelio. Dios es el motor que mueve todo en el evangelio, desde su concepción hasta su realización, y esto no depende de los seres humanos. Para nuestro disgusto, no estamos en el centro. Tenemos que restaurar a Dios en nuestros corazones al centro que le pertenece para ver su mano misericordiosa detrás de todo. El evangelio no es que Dios me necesite. Dios es glorificado por salvarnos, pero no es mejor por haberlo hecho. Dios no nos necesita. El evangelio es todo acerca de nuestra necesidad de Dios, no la necesidad de Dios por nosotros.

Debemos reflexionar y recordar que antes de que Dios creara algo, era completamente perfecto y siempre había sido absolutamente perfecto y completo. Nada lo obligaba a salvar a nadie o a crear nada. Todo el orden creado en toda su bondad depende únicamente de su gracia. Esto debe penetrar profundamente nuestro entendimiento y nuestra conciencia. Porque esto afecta cómo predicamos el evangelio y cómo pensamos en ello.

Permítanme preguntarles de otra manera; ¿Existe Dios para agradarnos, o existimos para agradar a Dios? Claramente, si Dios se glorifica a sí mismo a través de nosotros, entonces nosotros existimos para agradarle a él. No es un mal negocio, al final Dios nos llena de alegría interminable, de paz y de amor, porque no hay nada concebible que nos pueda complacer más que él. Sin embargo, tenemos que mantener la prioridad en orden; nosotros existimos para Dios, no Dios para nosotros.

Cuando empezamos a entender este orden, y cuando nos movemos a decir que estamos dispuestos a humillarnos para que Dios sea exaltado, comenzamos a aprender el gozo de la sumisión y la obediencia. Es una lección que la mayoría de nosotros tenemos que aprender y reaprender muchas veces durante nuestra vida terrenal, porque lo olvidamos fácilmente. Cuando comenzamos a vivir, a orar reconociendo que todo es por él y para él. Cuando le glorificamos y quitamos nuestros ojos de nosotros mismos entonces comenzamos a traer paz y alegría a nuestras vidas. Le pedimos a Dios que nos haga fuertes y poderosos aun si eso significa que nosotros mismos somos débiles y dependientes de él. Cualquier otra manera de acercarse a Dios que no sea en humildad y dependencia es robar su gloria. Si no gozamos y damos gloria a Dios, entonces tenemos que ponerlo como la autoridad suprema sobre nosotros mismos.

Debemos tener cuidado y permanecer atentos en darle la gloria a Dios cuando nos comprometemos con el evangelio y cuando lo predicamos. Podemos caer en el error de quitarle la gloria a Dios incluso cuando enseñamos la Biblia. Por ejemplo, en la historia del Antiguo Testamento de David y Goliat, es manifiesto que Dios se glorificó en David y salvó a todo su pueblo a través de él ese día. Dios se glorifica a sí mismo y es por eso nos ha dado su palabra de que debe estar en el centro de todo lo que predicamos y enseñamos. De lo contrario, no son más que enseñanzas moralistas. En esta historia no debemos distanciarnos del centro y decir solo que Dios fue muy bueno para David. No, el mismo Dios que libró a la nación de Israel a través de David es el que también nos libra a nosotros a través de Jesucristo. De eso se trata la historia de David.

Los ministerios también tienen que llevarse a cabo de tal manera que glorifiquen a Dios para vivir el evangelio genuinamente. No debemos apegarnos al orgullo humano. No podemos hacer que el único propósito de los ministerios sea hacer que la gente se sienta bien consigo misma. Debemos centrarnos en Dios, buscar su gloria en Cristo, y dejar que los sentimientos personales ocupen el lugar correcto.

Tristemente, hoy en día muchas personas en las iglesias buscan entretenerse como lo hacen con la televisión. Esperan que la iglesia proporcione un buffet; quieren escoger y elegir los que le entretienen. Gran parte del enfoque de los ministerios de algunas iglesias se ha centrado en hacer que la gente se sienta bien consigo misma. Se han vuelto tan centrados en el hombre que cuando la gente se aburre, buscan alguna otra forma de entretenerse. Por ejemplo, una iglesia en Texas ha instalado un boliche.[3] Tales ministerios no están presentando el evangelio de la gracia que hace descender nuestro orgullo y nos hace desesperadamente conscientes de nuestra necesidad de Jesucristo. Tales ministerios terminan poniendo una cantidad increíble de presión sobre las iglesias más pequeñas. La gente oye hablar de los ministerios emocionantes en las iglesias más grandes, y se preguntan por qué no puede ser así en su propia iglesia. No somos una institución definida por el hombre; somos un ministerio de gracia ordenado por Dios. Tenemos la única solución para el pecado, la mayor necesidad humana, pero eso a menudo significa que tenemos que ir en contra de los deseos egoístas de las personas.

Debemos poner a Cristo en el centro de nuestros corazones y nuestras mentes. El amor de Cristo debe controlarnos. Su evangelio es un evangelio de gracia gratuita. No podemos ir más allá de esto; no podemos mejorarlo; no podemos redefinirlo. En nuestra edad moderna, la mayoría de los adultos viven pensando que el mundo está ahí para entretenerlos. La verdadera Iglesia de Jesucristo no existe en esa mentalidad. No, existimos para complacerlo. Y cuando la verdadera iglesia se reúne, como lo ha hecho a través de los siglos, su meta debe ser llegar a adorar a Dios en espíritu y verdad y entender que tenemos el privilegio de venir a él por medio de Jesucristo. No buscamos recibir algo que satisfaga nuestras necesidades, sino que preferimos ofrecer a Dios la alabanza, la adoración y la gratitud que solo él merece. Esta es la única manera verdadera de adorar a Dios y de agradarle.

Cuando nos sometemos a su palabra y venimos a él buscando gracia y misericordia, en vez de exigir que nuestras necesidades sean satisfechas, encontramos que Dios ya está allí esperando por nosotros con los brazos abiertos. La razón por la que el evangelio de la gracia gratuita se llama buenas nuevas es porque se da libremente y porque está arraigada de principio a fin en el favor inmerecido del Dios vivo. Vengamos solo a Jesús para recibir el regalo del evangelio. Confiemos en él con todo nuestro corazón, sabiendo que recibiremos abundantemente más de lo que podemos pedir o entender.

6

# GUARDA EL EVANGELIO

Al comenzar este libro estuvimos explorando algunas de las declaraciones del Apóstol Pablo en la Carta a los Filipenses (1:27-30). En esta parte de esta epístola Pablo estaba exhortando a la iglesia en Filipos a estar unidos y firmes ante las presiones del mundo. Pablo estaba en la cárcel en el momento que daba esta exhortación. Parafraseando sus palabras puedo decir: "No estoy seguro si los veré nuevamente. No tengo idea si saldré de esta prisión, pero si lo hago o no, lo único que quiero oír de ustedes es que están unidos, firmes en una mente y en un mismo espíritu y luchando juntos por la fe del evangelio". El hecho de que Pablo quería que lucharan juntos por la fe del evangelio indica claramente que él creía que el evangelio contenía la verdad y debían trabajar juntos para promover esa verdad. Para ello necesitaban ser de una mente y un solo espíritu, convencidos de que el evangelio comprendía esa verdad.

En el capítulo siguiente, Pablo continuó enseñando que la actitud que necesitarían para sostener la unidad del espíritu concerniente a lo esencial de la fe es la humildad. Al instar a la humildad a los filipenses les dio como ejemplo la persona de Jesucristo (Fil. 2_5-11). Él les indicó que recordaran a Cristo y su humildad cuando se amaran los unos a los otros. Debían tener presente que Cristo dejó a un lado la gloria celestial e infinita, la comunión íntima con Dios el Padre cuando vino a la tierra y se humilló haciéndose hombre, para ser despreciado, escupido y llevado a la muerte. Él tuvo ese sentir de humildad por nosotros. En consecuencia, Pablo dice que también hay que tener ese sentir o mentalidad de humildad como lo tuvo Cristo y considerar los intereses de otros como más importantes que los nuestros. Esta mentalidad y la unidad es la que crea fuerza dentro de la iglesia para luchar por la fe del evangelio.

Al mirar este pasaje aprendimos sobre la necesidad de la unidad doctrinal y la unidad organizacional. Esto significa que la iglesia, especialmente la iglesia local, debe ser organizada y estructurada como una familia, tal como Dios nos dice de su palabra. Debemos estar trabajando juntos por la misma meta y el fin común, porque tenemos una sola mente con respecto al evangelio. Todos debemos creer las mismas cosas con respecto a la fe del evangelio. Mientras la iglesia en Filipos, o cualquier otra iglesia, mantenga una mente y un espíritu en estas cosas esenciales del evangelio, ellos pueden ser capaces de ir en la misma dirección y al mismo fin. Estar de acuerdo sobre la verdad del evangelio y la fe actúa como el yugo que usan los bueyes para el trabajo. Así como el yugo hace que los bueyes se unan como un equipo, así deben estar unida la verdad del evangelio y la fe. Esta unidad ayuda a la iglesia a ser un solo cuerpo en la fe.

En la iglesia local, la unidad de la fe requiere que las personas estén unidas en mente y corazón con respecto a lo esencial de la fe cristiana. Si bien hay algunas cosas que son periféricas en las que no estamos de acuerdo, sin embargo, cuando se trata de lo esencial de la fe en el evangelio debe haber unidad. Ese es el yugo que mantiene a los hijos de Dios trabajando como lo hacen bueyes. Los temas secundarios se pueden discutir, pero debemos ser firmes en lo esencial mientras seguimos avanzando en la misma dirección para que la obra del evangelio pueda continuar.

Esta es la razón por la cual en nuestras discusiones previas hemos tratado de explorar en detalle los elementos esenciales del evangelio en las Escrituras. Hemos tratado de moldear ese yugo, por así decirlo, no de acuerdo con las preferencias culturales o personales, no de acuerdo con lo que está de moda, sino más bien según las Escrituras, que definen la fe entregada a los santos. Solo la Escritura define lo que es el evangelio. Más allá de eso, necesitamos ser conscientes de tradiciones y prácticas históricas mientras miramos las Escrituras.

La tradición de la iglesia no define la fe, pero puede protegernos de ciertos errores obvios. Desde los Grandes Despertares de la historia de Estados Unidos, retrocediendo a la Reforma Protestante hace 500 años, y luego aún más atrás a la época de Agustín, Tertuliano y los primeros Padres de la Iglesia, cada vez que la iglesia ha experimentado avivamientos, es porque las verdades de este evangelio habían sido redescubiertas. Cuando el Evangelio inmutable se ha colocado delante de las tradiciones y ha sido el centro la unidad de la iglesia,. El avivamiento de parte de Dios se manifestó dramáticamente.

De acuerdo con esto, hemos buscado moldear ese "yugo" no de acuerdo con las preferencias personales, sino de acuerdo con las Escrituras y en segundo lugar de acuerdo con las tradiciones históricas para que nuestra fe descanse sólidamente en el evangelio bíblico. Los reformadores protestantes a menudo usaban pequeñas frases que ayudaban a agarrar por el mango el verdadero evangelio bíblico. Esta frase se presentar en forma de cinco lemas que tomadas juntas guardan y conservan el centro de este evangelio. Estos lemas lo reducen a un núcleo vital de verdades centrales. Había cinco breves declaraciones que se convirtieron en lemas comunes, cada uno de los cuales contenía la palabra "solo", que es la palabra latina "sola".

La primera que encontramos es "*Sola Scriptura*", o solo la Escritura. Esto indicaba que la Escritura es la única autoridad final y suficiente con respecto a asuntos de fe y conducta para los cristianos. Las Escrituras define el evangelio. Luego encontrábamos "*Sola Gratia*", o sola gracia. Esto significa que la gracia, el favor inmerecido de Dios es el único fundamento y base para la salvación de Dios a la humanidad. En tercer lugar, nos encontramos "*Sola Fide*", o sola fe. La fe sola es el instrumento por el cual un individuo recibía la gracia de Dios en Cristo que le traía la salvación. En cuarto lugar, nos encontramos la frase "*Solus Christus*", indicando que solo Cristo, por sus méritos y solo sobre la base de su obra se efectúa nuestra salvación. La última frase era "*Soli Deo Gloria*", o solo a Dios gloria. Esto significa que toda la gloria pertenece a Dios y no compartirá esa gloria con nadie más. Estas cinco consignas encapsulaban el centro de gravedad del verdadero evangelio. Este era el eje de la rueda. Estos cinco lemas, estos elementos esenciales del evangelio, constituyeron el centro de las verdades sobre la que todos los cristianos tienen que estar de acuerdo. Esta es nuestra unidad en la fe.

Esto puede aclarar nuestro entendimiento para relacionar los cinco lemas juntos. Podemos decir que "*son las Escrituras y solo ellas las que contienen la autoridad de decirnos que Dios salva a los pecadores solamente por su gracia, a causa de Jesucristo y de sus obras, recibidas por los hombres solo por la instrumentalización de la fe y toda la gloria de le debe dar solo a Dios*". Los reformadores estaban tratando de resumir el evangelio de una manera sencilla, pero también estaban tratando de captar el núcleo esencial que no podía ser comprometido. Por lo tanto, estas consignas se convirtieron en el clamor de la Reforma. Y en cada una de estas declaraciones, la palabra pequeña "sola", o "solo", es el punto esencial.

Debemos recordar que la Iglesia Católica Romana Medieval, como hasta hoy, y muchas otras iglesias también, creían en las Escrituras. La iglesia romana también creía que la gracia de Dios era necesaria para la salvación. Concurrían también en afirmar que la fe era una parte esencial de la salvación y que Jesucristo crucificado también era esencial. Estas iglesias tampoco negaron que Dios merecía la gloria. El problema surgió porque no aceptaron en cada una de estas áreas eran suficientes en sí mismos. Esta es la razón por la que solo se insistió en la palabra.

A la Sola Escritura la Iglesia Romana agregó la autoridad de las tradiciones de la Iglesia, con independencia de que esas tradiciones contradijesen o no las Escrituras. Y a veces, hasta las filosofías paganas, que siempre contradicen las Escrituras, se les permitió modificar lo que la palabra de Dios enseñó. A la Sola Gracia la Iglesia romana agregó la cooperación de los hombres y, por lo tanto, consideraron la salvación como un esfuerzo cooperativo. A la Sola Fe añadieron las obras necesarias para alcanzar la salvación. A Solo Cristo y sus obras salvadoras, añadieron a María, a los santos, los mártires y los sacerdotes, a fin de asegurar la bendición de Cristo para nuestra salvación. En todos y cada uno de los casos se puso algo entre Cristo y el creyente. Cristo ya no era el único mediador, y esto se ha expandido a través de las edades hasta el punto en que hoy tenemos a la Virgen María como co-redentora en nuestra salvación. Como resultado de todas estas modificaciones humanas, la gloria en la salvación fue compartida con el hombre, con la Iglesia, y no solo a Dios. El verdadero evangelio fue enterrado bajo las tradiciones humanas.

Como resultado de lo antes expuesto estos lemas, constituyeron un grito de unidad durante la era de la Reforma con el mensaje central del evangelio. Debemos recordar que se derramó sangre para que esto se extendiera dentro del cristianismo. Esto no era un nuevo evangelio, era el viejo evangelio, el evangelio bíblico. Era la buena noticia de los apóstoles y de los primeros padres de la iglesia, que lentamente habían sido cubiertos con siglos de desordenes y prácticas corruptas de la iglesia romana. Esto no quiere decir que Dios no salvó a nadie durante esas edades. Pero con el evangelio oscurecido y encubierto, el amplio trabajo del avance del evangelio y la unidad de la fe disminuyeron drásticamente en aquellos tiempos medievales.

Hoy en día, el clima espiritual en América no es realmente muy diferente de entonces. Nosotros, que somos el producto de la Reforma Protestante, a menudo somos llamados evangélicos, los hijos de esta temprana doctrina protestante. Según una encuesta reciente de George Barna sobre la iglesia evangélica, mostró que un tercio de los evangélicos de hoy creen que todas las personas buenas van al cielo, crean o no en Cristo.[1] Esto es lo que creen los cristianos americanos cuya posición contradice claramente la Escritura, aunque esta por sí sola sea nuestra única autoridad. Ahora estamos agregando nuestras experiencias, algo que nos han enseñado, algo que hemos visto, algo que hemos oído ya sea o no congruente con la Biblia. A Cristo solo y la Escritura sola hemos añadido la psicología o las llamadas técnicas científicas. Hemos agregado psicoterapia, añadimos nuestras opiniones subjetivas, señales y maravillas, convirtiéndonos en autoridades adicionales para determinar lo que es suficiente. Ya no hacemos la pregunta incomoda: "¿Es esto realmente cierto?". Como resultado, el clima actual no es realmente muy diferente de lo que era en la época medieval.

Esto no quiere decir que no haya iglesias verdaderas y fieles. Y aún más enérgicamente, esto de ninguna manera significa que no hay creyentes verdaderos en estas iglesias. Esto es cierto incluso cuando la posición oficial de esa iglesia o de esa denominación no contiene las cinco solas de la Reforma.

La gracia y el favor de Dios para la salvación no depende de una declaración de creencias apropiada de la iglesia. Dios salvará a quien quiera. Siempre habrá verdaderos creyentes donde se predique lo suficiente del evangelio para que el Espíritu se complazca en convertir a la gente. Sin embargo, si nos referimos al clima general del cristianismo popular, no es muy diferente a hace 500 años. La suficiencia y la autoridad del evangelio y de Cristo se está erosionando constantemente. Y esta erosión está ocurriendo dentro de las mismas iglesias.

No es para glorificar o fijarnos en los muchos errores que llenan nuestra sociedad que hemos emprendido esta revisión del evangelio bíblico. Más bien, el verdadero evangelio bíblico es la enseñanza necesaria que alimentará y fortalecerá el cuerpo de Cristo. Como iglesia debemos aprender a distinguir entre la basura y la comida real; debemos discernir lo que verdaderamente alimenta el alma de lo que es un relleno vacío; debemos conocer y alimentarnos de la verdad, que solo salva a la gente. Este ha sido nuestro objetivo.

En consecuencia, a medida que terminamos este libro es muy importante tener algún conocimiento no solo del evangelio mismo, sino también del tiempo en que vivimos. Necesitamos entender los tiempos actuales porque se ha creado tanto malentendido y confusión de lo que es el evangelio. No solo debemos conocer la verdad de Dios, sino también debemos ser suficientemente conscientes de lo que la está atacando, para que podamos guardar y para saber con exactitud el verdadero evangelio, esto es importante en la determinación de nuestro destino.

El cristianismo evangélico de hoy está permeado por la cultura pop. Esta influencia la puede comprobar en la radio, la televisión, los libros y otros medios. Este flujo de información que se trasmite al cristianismo contemporáneo parece omnipresente, pero no siempre esta influencia transmite la verdad del evangelio. Esto puede parecer inofensivo, pero como un gas venenoso invisible que penetra a través de las grietas de las paredes, así llega en nuestras mentes que pueden estar desprotegidas. Si absorbemos esto sin discernir lo que recibimos podemos envenenar nuestra comprensión del cristianismo.

Debemos entender que la cultura misma no tiene interés en defender la verdad de la palabra de Dios. Este compromiso con la cultura ha infectado o envenenado a muchos que se han convertido en los últimos treinta a cuarenta años. Las personas que han sido traídas a la fe en este tiempo han quedado desprotegidas sin un discipulado saludable a menos que la iglesia local haya sido capas de proteger a sus miembros de esta influencia, En esta desorientación percibimos que cada creyente busca un marco coherente de la fe y se forma una imagen mental del cristianismo y de la teología sistemática, ya sea que la estudie formalmente o no. La pregunta crítica en tales casos sería: ¿Es esta visión del cristianismo basada en la verdad objetiva de la palabra de Dios, o en los compromisos y conceptos erróneos de nuestra cultura pop?

Miremos a vuelo de pájaro lo que pasó históricamente con el evangelio en cada uno de los avivamientos experimentados por la iglesia. Muchas personas vinieron a Cristo y se convirtieron en el Primer y Segundo Gran Despertar en América. ¿Por qué sucedió esto, y cuáles fueron los resultados? La respuesta humana es que se produjo porque estas verdades del evangelio fueron expuestas claramente y predicadas. Además, las iglesias se aferraron a ellas y renovaron su enfoque sobre el evangelio. Por supuesto, somos conscientes que estas maravillosas conversiones y crecimiento de la iglesia sucedieron por la gracia de Dios y por el Espíritu Santo. Dios se complace en honrar su palabra.

Volviendo a la Reforma nos podemos preguntar ¿por qué hubo una renovación y un avivamiento de la fe tan sorprendentes en esta época? Nuevamente podemos afirmar, que la verdad del evangelio estuvo en el centro de las enseñanzas de los líderes de la Reforma. Cada vez en la historia, cuando la cruz de Jesucristo ha sido restaurada y la exaltación de Cristo ha sido restaurada ha existido un avivamiento en la iglesia.

Esto significa que la mayoría de nosotros hemos llegado a la fe en Cristo durante una época o tiempo en que la verdad del evangelio ha sido escondida o llena de error. Debido a esto, hay una gran razón para exhortarnos a discernir el evangelio que estamos recibiendo. Este tipo de discernimiento viene con el costo de corregirnos a nosotros mismos, que resulta a menudo un proceso doloroso y que puede afectar las relaciones personales. Debemos explorar lo que nos ha sucedido con respecto a la comprensión del evangelio a fin de preservar su verdad para nosotros mismos y para futuras generaciones.

Somos conscientes que cualquier intento de resumir la historia está obligada a una reducción desmedida de la misma. A pesar de este riesgo, debemos hacer el intento. Como resultado de la Ilustración y el

Modernismo, que trajo una nueva visión sobre la evolución humana, se trató de hacer a la iglesia más atractiva para los que no tienen iglesia. En este intento se diluyó la gloria y la majestad del milagro de la gracia de Dios en la salvación del hombre . *Hemos descuidado u olvidado que la salvación es siempre un milagro glorioso de Dios que no podemos causar ni provocar por nuestros propios esfuerzos humanos.* Hemos intercambiado nuestro temor y admiración por su gracia, por los métodos centrados en el hombre, y poco a poco nuestra alegría en la alabanza y la adoración ha disminuido.

La pura gracia de Dios y la alabanza debida a su obra en el evangelio han sido oscurecidas. Hemos dejado a un lado las verdades de la elección, la obra sustitutiva de Jesucristo en la cruz, su resurrección, su intercesión a nuestro favor y la necesidad de nacer de nuevo en favor de enseñanzas más modernas y más agradables. Como resultado, no es de extrañar que también hemos perdido el sentido de lo milagroso, lo providencial y lo santo. Hemos hecho muchos negocios para satisfacer nuestras comodidades, pero como resultado hemos perdido el sentido del temor y la alegría resultante que proviene del verdadero evangelio. Hemos hecho un negocio en el que hemos intercambiado las cinco solas del verdadero evangelio por los cinco pasos para una vida plena y feliz aquí en este mundo y ahora mismo. Esto ha sido una terrible elección.

Hemos permitido que las filosofías del hombre, las terapias y otras especulaciones que no se encuentran en las Escrituras reemplacen la gloria del evangelio de Dios en la faz de Jesucristo. El resultado es que, en lugar de adorar a Dios por su gloria en el evangelio, lo hemos cambiado por entretenimiento y por un enfoque egocéntrico. Somos como Esaú, que vendió su primogenitura por un plato de lenteja, despreciando su derecho de nacimiento.

La gente fue redimida y salvada por la sangre de Cristo cuando la iglesia estaba centrada en Dios y estaba predicando el evangelio fielmente. Ahora bien, como resultado de todo este pensamiento moderno, incluyendo nuestra exaltación de la democracia, el individuo se pone al frente y Dios se hace un sirviente, o un mayordomo para satisfacer las necesidades y deseos. Cuando nos ponemos primero, le robamos a Dios su gloria. Cuando Dios es colocado primero y en el centro, es el que nos determina y nos dicta cómo debemos adorarle. La iglesia se ha convertido en un centro comercial, en un lugar para satisfacer los deseos individuales y pretende alcanzar a más clientes. El individuo está en el centro, las necesidades o los sentimientos, están conduciendo nuestro comportamiento en la iglesia y nuestra adoración. La iglesia se ha convertido en la iglesia de la autoestima y la auto importancia y la autodeterminación. Esto es lo que mueve la cultura y lo que está moviendo la iglesia de hoy.

Si persistimos en esta mentalidad mundana, corremos el riesgo de perder el evangelio bíblico. Puede escaparse de nuestra vista porque el evangelio de Dios no exalta este tipo de pensamiento. El evangelio no nos magnifica. El evangelio que proviene de la Biblia exalta solamente a Dios, su gracia y su misericordia. El evangelio nos saca de nuestro pedestal de orgullo y nos convence de nuestra culpa y pecado, para que podamos venir a decir: "¡Oh, Dios, ¡ten misericordia de mí, que soy pecador!"

No hay esperanza para el hombre pecador a menos que volvamos a predicar fielmente el evangelio centrado en Dios. El evangelio no está ahí para decirle al hombre cómo encontrar solución a los problemas financieros mientras él se mantiene orgulloso y al control de su propia vida. No, el evangelio le dice a cada hombre que es un pecador, que está perdido y en camino al infierno, muy lejos de la misericordia de Dios. Ese seguirá siendo el destino terrible del hombre a menos que Dios encuentre una manera de mostrarle su misericordia y que el hombre clame con fe por su salvación.

El verdadero evangelio proclama la bondadosa obra de Jesucristo por los pecadores. No debemos perder el evangelio porque es el único poder verdadero de Dios que trae la salvación. Como Pablo nos dijo en Romanos 1:16: *"Porque no me avergüenzo del evangelio, porque es poder de Dios para salvación."* Pablo dijo que no se avergonzaba, pero recuerda cuánto sufrió y cuánto el mundo pagano incrédulo intentó disuadirlo e incluso matarlo a causa de ello. Este evangelio no solo explica un camino hacia la salvación, es la dinamita (*dunamis*), el poder de Dios para la salvación. Es esta palabra del evangelio la que aplica el Espíritu Santo al hombre pecador y trae salvación. Cuando el Espíritu bendice la palabra del evangelio la gente nace de nuevo. Por lo tanto, si perdemos el evangelio, perdemos el poder de Dios. Y cuando perdemos el poder de Dios, la gloria de Dios se aleja de la iglesia. Y esto, en mi humilde opinión, es lo que ha sucedido en la iglesia moderna. Abandonamos el evangelio, perdimos el poder de Dios y perdimos la gloria de Dios en la iglesia.

Necesitamos deshacernos de la mentira de que el cristianismo es solo una religión entre muchas. Hay mucho más en juego. Todo está en juego, incluyendo nuestro destino eterno. No estamos discutiendo un tema secundario de la formación o comportamiento de la iglesia. Esto no se trata de nuestros propios intereses personales, o programas de auto-mejoramiento. Lo que está en juego cuando perdemos el evangelio es el destino de la iglesia. Nos enfrentamos a una pérdida eterna. Si perdemos el evangelio perdemos el poder; si perdemos el poder perdemos la gloria de Dios.

Recordemos lo que Pablo nos enseña en 2 Tesalonicenses 2:13-15.

> *Pero nosotros siempre tenemos que dar gracias a Dios por vosotros, hermanos amados por el Señor, porque Dios os ha escogido desde el principio para salvación mediante la santificación por el Espíritu y la fe en la verdad. Y fue para esto que El os llamó mediante nuestro evangelio, para que alcancéis la gloria de nuestro Señor Jesucristo. Así que, hermanos, estad firmes y conservad las doctrinas que os fueron enseñadas, ya de palabra, ya por carta nuestra.*

Aquí está el encargo de Pablo a la iglesia de Tesalónica: Guarden o conserven el evangelio que les ha sido confiado. Debemos recordar, como parte del contexto, que esta carta fue escrita porque esa iglesia, al igual que muchas otras de la época, había sido perturbada por malas enseñanzas del evangelio. Incluso en los primeros tiempos apostólicos, Pablo no los había dejado a las iglesias por mucho tiempo y ya eran perturbadas por falsas enseñanzas. Esto sucedió a las iglesias en Galacia, la iglesia en Colosa, y aquí en Tesalónica también la falsedad comenzó a penetrarse dentro.

No debe sorprendernos que esto también nos está sucediendo hoy. Siempre hay algún falso maestro o profeta que entra en las iglesias y le dice a la gente cosas para alejarlos del evangelio. En este caso, en Tesalónica, parece que se le dijo a la gente que el día del Señor ya había ocurrido: "¿Adivina qué? ¡Todos ustedes se perdieron!" Esto realmente angustiaría a la gente. Se regresaron a Pablo, su Apóstol, y le preguntaron: -¿Pablo qué es lo que ha sucedido? ¿Nos perdimos algo? Y estaban preocupados. La respuesta de Pablo a ellos se da en los primeros doce versículos del capítulo dos. Él describe lo que sucederá en el momento en que Cristo regrese. Habiendo descrito los detalles del día del Señor, él les dice: "No, ustedes no se han perdido. Varias cosas aún están por cumplirse que aún no han llegado a suceder." Por lo tanto, Pablo conforta a los tesalonicenses con la verdad de que no se han perdido el regreso del Señor.

En los primeros doce versículos del capítulo dos él los aconseja. Por eso, en el versículo trece dice: *"Debemos siempre dar gracias a Dios"*. La razón que da es que *"Dios los ha escogido desde el principio para salvación mediante la santificación por el Espíritu y la fe en la verdad."* En Efesios 1 Pablo enseña que esta elección es de antes de la fundación del mundo, desde la eternidad. Dios no revoca ese tipo de elección para la salvación. Por lo tanto, si Dios los ha escogido para la salvación no va a abortar el proceso. Tesalonicenses, estén en paz.

Esto está asegurado en el mismo pasaje por el hecho de que está garantizado por el Espíritu Santo y por la fe en la palabra de Dios. Estas dos verdades son precisamente lo que hemos estado considerando. ¿Cómo es una persona separada por Dios para la salvación? Es por la palabra y es por el Espíritu. Es la palabra viva del evangelio de Jesucristo que el Espíritu Santo toma y aplica a las almas de los hombres.

La palabra viva de Dios es como la medicina. Debemos recibirla en nuestras vidas, pero estamos sordos, mudos, ciegos y espiritualmente muertos. No somos conscientes de nuestra necesidad. Entonces el Espíritu Santo viene y toma esa medicina y la ministra a nosotros, sanando el alma. La palabra de Dios es también como un bisturí y el Espíritu Santo de Dios, como un cirujano. El Espíritu toma la palabra de Dios y nos realiza la cirugía del corazón. Corta nuestro viejo corazón de piedra y pone en nosotros el nuevo corazón de carne. Nosotros necesitamos desesperadamente esa cirugía. La palabra del evangelio que el Espíritu Santo toma y aplica a nuestras vidas tiene poder porque es verdadera.

Cuando compartimos la palabra del evangelio el Espíritu Santo toma esta palabra y obra en las almas de los hombres. Nosotros presentamos el evangelio, publicamos el medicamento y hacemos que el bisturí esté disponible. Pero entonces debemos orar: "Oh Espíritu Santo, toma esta palabra y obra en estas almas; cumple tu perfecta voluntad".

Esto es exactamente lo que Pablo estaba agradeciendo a Dios. Le estaba dando gracias porque sabía que Dios había hecho esto por los tesalonicenses. Lo sabía por su propia experiencia, porque lo había visto con sus propios ojos. Pablo les había dado la palabra del evangelio y había presenciado los resultados. Por lo tanto, está agradeciendo a Dios por ellos porque sabe que Dios los ha salvado. Luego sigue en el versículo 15 exhortándoles a que guarden este evangelio. Él basa su consejo en el hecho de que el evangelio había venido a ellos y Dios los había llamado a través de este. Dios los llamó para su propia gloria que es siempre la razón principal por la que Dios llama a las personas. Y Pablo dice que es por esta misma razón que deben permanecer firmes, porque han sido llamados a la salvación y ellos van a alcanzar la gloria de Jesucristo.

¿Qué quiere decir Pablo con esto? ¿Qué significa que podamos alcanzar la gloria de Jesucristo? Pablo escribe en Romanos 8:16-17:

*El Espíritu mismo da testimonio a nuestro espíritu de que somos hijos de Dios, y si hijos, también herederos; herederos de Dios y coherederos con Cristo, si en verdad padecemos con Él a fin de que también seamos glorificados con Él.*

Lo que este pasaje significa es que ya tenemos la verdadera salvación. La obra de Dios para traernos salvación ya está comenzada pero aún no está terminada. Todavía hay un tiempo futuro para nuestra salvación. Hemos sido justificados. Eso ya está hecho. Ahora estamos en el proceso de santificación. Pero todavía hay más por venir, eso que se llama glorificación. La consumación final del proceso es cuando estábamos con Cristo, y somos glorificados para ser como él. Un día en el futuro, cuando haya terminado ese proceso, experimentaremos plenamente lo que él ya ha comenzado en nosotros y seremos herederos juntos con Jesucristo de todas las promesas celestiales. ¡Gloria a Dios por su obra!

¿Qué es un heredero? Un heredero es alguien que ha sido designado para recibir una herencia. Jesucristo ha recibido esa herencia como nuestro Salvador. Él es nuestro hermano mayor que se adelantó a nosotros para recibir la herencia celestial. Él mismo tomó nuestra humanidad en el cielo y allí está glorificado a Dios como el Dios-hombre. Por lo tanto, Pablo dice que si realmente confiamos en Cristo vamos a recibir esta misma herencia. A través de esta herencia se nos dará la bendición ser glorificados junto a Cristo y de glorificar a Dios por la eternidad. Para lograr esto, Dios nos dará en el cielo un cuerpo resucitado de gloria para que podamos reflejar la gloria de Jesucristo.

Esta es la misma herencia que Jesús tiene. Él solo es Dios, pero también es humano. En la medida en que nuestra humanidad lo permita, seremos glorificados con él en su humanidad. Estaremos final y totalmente conformados a Cristo. Seremos iguales a él, porque lo veremos como él es. En la gloria, hombres y mujeres, serán como Cristo, perfectos física y moralmente.

Pablo nos da una mayor comprensión de esta verdad en Filipenses 3:20 – 21:

> *Porque nuestra ciudadanía está en los cielos, de donde también ansiosamente esperamos a un Salvador, el Señor Jesucristo, el cual transformará el cuerpo de nuestro estado de humillación en conformidad al cuerpo de su gloria, por el ejercicio del poder que tiene aun para sujetar todas las cosas a sí mismo.*

En la eternidad vamos a tener un nuevo cuerpo glorificado, vamos a compartir la gloria de Jesucristo y vamos a tener una participación en su herencia gloriosa. Él va a usar su poder para conformar nuestros cuerpos a la misma gloria que ahora posee en la presencia de Dios el Padre. ¡Ese es el gran poder de Dios!

La promesa de Dios de que vamos a ser glorificados es una obra que Dios ha comenzado en nosotros y la va a completar en Cristo. No solo interiormente con nuestras almas, sino que también lo va a hacer físicamente. En 1ra de Juan 3:2, el Apóstol Juan dice:

*Amados, ahora somos hijos de Dios y aún no se ha manifestado lo que habremos de ser. Pero sabemos que cuando El se manifieste, seremos semejantes a El porque le veremos como El es.*

Como cristianos estamos constantemente luchando y esforzándonos en la gracia de Dios para volvernos moral y espiritualmente más parecidos a Cristo. Dios nos está cambiando internamente en este proceso para conformarnos a la imagen de su Hijo Jesucristo. Juan nos está diciendo que vendrá un punto en el futuro cuando Dios hará que todos los creyentes sean perfectos, porque serán semejantes a Cristo. En 1ra de Corintios 15:52 aprendemos que: *"… en un momento, en un abrir y cerrar de ojos, a la trompeta final; pues la trompeta sonará y los muertos resucitarán incorruptibles, y nosotros seremos transformados."* La glorificación completa para todos los creyentes será simultánea. Lo que es perecedero se transformará en imperecedero y habremos sido transformados en la semejanza de Jesucristo. Seremos semejantes a Cristo para reflejarlo en todos los sentidos.

Si bien es cierto que apenas podemos empezar a imaginar lo que esto implica, tenemos que pensar en ello y reflexionar sobre lo que significará ser como Jesús física, espiritual y moralmente. Por un lado, esto significa que todos los efectos del pecado van a ser completamente eliminados, tanto físicamente de nuestros cuerpos como moralmente de nuestras almas. Esto significa que todas las enfermedades, todos los dolores, todas las desventajas se han eliminado y nunca volverán a repetirse. Esto significa que los efectos del pecado en nuestra naturaleza desaparecerán o serán borrados. Significa que todos los miedos, todas nuestras ansiedades y hostilidades desaparecerán para siempre. ¿Malos pensamientos? ¡Nunca más! Ni siquiera pensar en la posibilidad de tenerlos. Esta clase de pensamientos serán borrados. Estaremos plenamente vivos en total libertad para servir a Dios, conocer a Dios e interactuar con él sin ninguna rebelión o malentendidos. Esta es la gloria que Pablo está hablando como nuestra herencia; esto es lo que ganaremos a través del evangelio.

¿Empezamos a comprender lo que está en juego en nuestra iglesia por la causa del evangelio? El evangelio, que es el poder de Dios, lo es todo. Todo está en juego. Si perdemos el evangelio perdemos el poder de Dios. Si perdemos el poder de Dios entonces en última instancia vamos a perder la gloria de Dios. Ciertamente no veremos la gloria de Dios ahora y ciertamente no veremos la gloria de Dios en el día final. ¡Por toda la eternidad no compartiremos la gloria de Dios si perdemos el evangelio!

Vemos entonces que todo está en juego si nos alejamos del evangelio de Jesucristo. Regresando a 2 Tes. 2:15 Pablo dice *"Así que"* indicando que debido a que tenemos tanto que perder, porque Dios nos ha llamado a través de su evangelio para que podamos ganar su gloria, entonces no dejen ir este evangelio. No crean en los falsos evangelios, no te confundas y guarda la verdadera doctrina. Manténganse firmes y mantengan las tradiciones que les han enseñado. Este es su encargo para ellos. Este es una responsabilidad para nosotros.

Observe cuidadosamente que hay dos encargos, dos imperativos o dos mandamientos en 2 Tes. 2:15. El primero es "*mantenerse firme*", el segundo es "*conservad las doctrinas que os fueron enseñadas*". Cuando Pable les encomiendas a que estén firmes está indicando una postura defensiva. Mantenerse sobrio, atento y en guardia. Esto es mantenerse a la defensiva, como lo hace un jugador de defensa en un equipo de fútbol americano. ¿Pero mantenerse firme contra qué? Pues bien, Pablo les ha enseñado que la gran rebelión o la decadencia está llegando antes de que Jesús regrese. Por lo tanto, manténganse firmes contra todas las enseñanzas falsas, todas las herejías, todos los abandonos y todas las diluciones del evangelio. Regresando al ejemplo del defensa de futbol americano aprendemos lo que más desalienta a un jugador que está en la línea defensiva es que el jugador al lado de él no cumpla con sus responsabilidades. Debemos permanecer firmes como un equipo, como su iglesia, contra toda agitación, ataques y deserciones entre nuestras filas. Como iglesia debemos permanecer firmes contra todas las modas, novedades y vientos de doctrina que van y vienen. Si les parece o no, éstos constituyen un ataque a nuestro compromiso con el verdadero evangelio. Pablo había estado allí y guardaba celosamente contra estos ataques a las iglesias que había establecido. Se enfrentó a la falsedad y a las traiciones con la verdad y con exhortaciones a confiar en el Señor.

Pablo escribe a su discípulo amado Timoteo al final de su vida: "Todos me abandonaron (2 Tim. 4:16)". Pablo conocía el dolor del abandono en la defensa del verdadero evangelio. Dijo allí: "No tengo a nadie. Todo el mundo en Asia me ha abandonado." Pablo conocía estos dolores profunda y personalmente.

También conoceremos estos dolores cada vez más. Jesucristo ha dicho que él ha traído su evangelio de tal manera que realmente dividirá familias, hijo en contra de los padres, hijas en contra de las madres, nueras en contra de las suegras (Mat. 10:35). Dios ha indicado que la verdad del evangelio y la fe pueden dividir incluso las relaciones más íntimas. Todos somos humanos, todos podemos estar sujetos a esta división y este dolor profundo. No hay placer en reconocer esto, pero es verdad y no debemos evitar ser conscientes de esto solo porque es desagradable. Todos estamos sujetos a perder amigos, familiares y seres queridos que se alejan del evangelio. Si estamos firmes en la verdad, esta nos dividirá de los que no están convencidos de la verdad del evangelio. Si tomamos una posición firme, la gente se alejará de nosotros. No nos gusta esto, pero sucederá.

En segundo lugar, Pablo emite el mandato de "mantenerse firme". Esta expresión indica agarrarse muy firme, aferrarse a algo hasta la muerte. ¿A qué debemos sujetarnos firmemente? Debemos mantener firmemente las "tradiciones". Las Escrituras hablan de buenas y malas tradiciones. En Marcos 7:8 habla de las tradiciones de los hombres que se utilizan para anular la ley de Dios. Pablo ciertamente no está hablando de esto aquí. Tampoco está hablando de filosofías que solo están arraigadas en las tradiciones humanas (Col. 2:8). Cuando se refiere a mantenerse firme en las doctrinas que le fueron enseñadas, se está refiriendo al evangelio, como una tradición que le fue transmitida por Jesucristo mismo. Así que, Pablo le da esta encomienda a los tesalonicenses, que se aferren a este evangelio de Jesucristo. ¿Por qué? Porque la fuente de esta tradición no es humana sino divina. El evangelio fue entregado a Pablo por Dios y puesto que él era un Apóstol, necesitamos aferrarnos a esta tradición, ya sea que la recibamos de su boca o por cartas escritas. En nuestro caso, que estamos separados en el tiempo por casi dos mil años, no hemos recibido esta verdad de la boca de Pablo, pero sus cartas siguen transmitiendo a las iglesias de hoy la tradición apostólica.

En general, Pablo era un hombre muy amable , cordial y caritativo, lo podemos ver en sus cartas. Muchas veces cuando había errores que se deslizaban, él todavía se dirigía con amor a sus lectores como compañeros cristianos y a la iglesia, como verdadera iglesia. Cuando escribió a los Gálatas, donde alguien estaba finalmente amenazando con socavar el evangelio y corromperlo, entonces Pablo tomó una postura muy diferente. Pablo habló muy fuerte cuando el corazón del evangelio fue amenazado. Parecía un tipo diferente, era como un león rugiente. Él dice: *"Me maravillo de que tan pronto hayáis abandonado al que os llamó por la gracia de Cristo, para seguir un evangelio diferente; que en realidad no es otro evangelio, sólo que hay algunos que os perturban y quieren pervertir el evangelio de Cristo. Pero si aun nosotros, o un ángel del cielo, os anunciara otro evangelio contrario al que os hemos anunciado, sea anatema (Gál. 1:6-8).*

Si se percata este es un lenguaje bien fuerte. Anatema significa, *"que sea condenado"*. No importa si hasta un ángel venido del cielo le anuncia un evangelio diferente este debe ser condenado. Para que no quede dudas él reafirma esta verdad diciendo: "*Como hemos dicho antes, también repito ahora: Si alguno os anuncia un evangelio contrario al que recibisteis, sea anatema. Porque ¿busco ahora el favor de los hombres o el de Dios? ¿O me esfuerzo por agradar a los hombres? Si yo todavía estuviera tratando de agradar a los hombres, no sería siervo de Cristo (Gál. 1:9-11)."*

Si se percata el Apóstol Pablo no está en absoluto preocupado por nuestros sentimientos cuando salimos de nuestras reuniones espirituales. Él no está consultando con nosotros para ver cuán grande es la visión que hemos recibido. No le importa si incluso un ángel se acercó y dijo: "Oye, ¿cómo estás? Tengo un evangelio mejor. Compruébalo." Pablo dice que si lo que se predica es algo diferente de lo que has oído de mí, no es el verdadero evangelio. Y que los que hacen eso sean malditos, porque el evangelio que he transmitido es una tradición que debe ser recibida y mantenida. No tienes derecho a inventar algo nuevo, ni puedes recibir lo que cualquier hombre o ángel pueda exigir. El mismo Jesucristo nos ha dado este evangelio, esta buena noticia. Esta es la manera en la que Pablo defiende el evangelio al ordenar que permanezcamos firmes y nos agarremos a la verdad proclamada. Cuando Pablo habló tan fuerte y claramente es porque no permitió de ninguna manera cambios ni alteraciones en el corazón del evangelio.

Espero haber aclarado la absoluta necesidad de que tengamos una mentalidad unida en lo esencial del evangelio. La razón es que todo está en juego. Absolutamente todo lo valioso está en juego dependiendo de nuestra posición sobre el evangelio de Jesucristo. Solo el evangelio es el poder de Dios para la salvación porque Dios mismo nos lo ha dado. Solo hay un verdadero evangelio. Si perdemos este evangelio, perdemos el poder de Dios. Y si perdemos el poder de

Dios, perderemos la gloria de Dios en la iglesia y perderemos nuestra celebración de su gloria en la eternidad. Por lo tanto, esto es realmente serio. Proteger y guardar el evangelio es proteger la gloria de Dios y es la preocupación más profunda que tenemos en la fe cristiana. ¡Esta es una batalla por la que tendremos que luchar o morir! Esa lucha por el evangelio nos debe mantener unidos y caminando en la misma dirección con Dios. No podemos ceder terreno en esta área.

La razón por la que no podemos ceder terreno aquí es que tenemos que dar cuenta a Dios. Lo principal que él nos va a examinar es acerca de lo que hicimos con Jesucristo y su evangelio. ¿Hemos sido fieles en nuestra creencia y en nuestras prácticas a la cruz de Jesucristo? Debemos ser fieles al evangelio de Jesucristo no importa cuáles sean las presiones del mundo que nos rodea, no importa si somos objeto de odio o de burlas. Aquí es donde debemos ser fieles como siervos suyos.

Esta responsabilidad de ser fieles al evangelio conlleva en volver a lo básico. Necesitamos volver a la verdad y permanecer firmes en guardar el evangelio. Esta exhortación no tiene el interés de crear divisiones ni comenzar un movimiento particular extremista. Nuestra propuesta ha sido a través de este libro la de mostrar el evangelio que las Escrituras presentan. Este es el evangelio histórico de la fe cristiana. Cuando nos unimos con muchos evangélicos, tanto hoy como en años pasados, nos estamos uniendo en lo esencial del evangelio y superando las barreras denominacionales. Estamos volviendo al evangelio y estamos descartando todas esas maquinaciones y filosofías del hombre que nos desvían.

Es reconfortante saber que históricamente no estamos solos en esta resistencia. Estamos en las sombras de muchos cristianos grandes y fieles de la Reforma Protestante. Lo que muchas personas no comprenden hoy es que todas estas denominaciones protestantes, sean presbiterianas, congregacionalistas, episcopales, reformadas o incluso bautistas, forman parte del gran árbol genealógico de la Reforma. Y esa Reforma nos llevó a todos a la Biblia, y de vuelta al evangelio original, que se resume en estas cinco solas.

En los últimos 500 años todos hemos establecido nuestras raíces en el evangelio y esa tradición es nuestro vínculo común. Aunque tuvimos fuertes desacuerdos sobre el gobierno de la iglesia, sobre cómo debemos organizarnos, los desacuerdos sobre la elección de nuestros oficiales, sobre el bautismo y sobre la cena del Señor, todavía estábamos unidos con respecto a las doctrinas centrales del evangelio.

Estábamos unidos en este centro, por lo menos en los puntos más altos de nuestra historia. Por supuesto, ha habido momentos, como ahora, en los que nos hemos alejado. Pero cuando la iglesia protestante estaba en su mejor momento, había una verdadera unidad de mente y espíritu con respecto a lo esencial del verdadero evangelio.

La realidad es que somos una minoría en la población de la iglesia evangélica americana. Pero hay algunos que están tratando una vez más de reunirse sobre el núcleo común del evangelio. Están diciendo a pesar de que somos bautista, presbiteriano, o lo que sea, necesitamos restaurar lo que teníamos en común: las doctrinas centrales del evangelio.

Un grupo que ha hecho esto seriamente se llama la Alianza de Evangelista Confesos, conocido como A.C.E. Hombres como R. C. Sproul, un presbiteriano, John Armstrong y James Boice, que son bautistas, han formado este grupo. Hay otros grupos y organizaciones evangélicas que también que se han unido superando las barreras denominacionales y reafirrmando su compromiso con el evangelio histórico de la gracia revelado en las Escrituras. Ellos se están uniendo en torno al núcleo central del evangelio que es: la sola Escritura, la sola gracia, la sola fe, solo Cristo, y solo para la gloria de Dios. Estos son las cinco solas, las cinco consignas o eslóganes, que resumen la nota clave del corazón del evangelio.[2]

Los distintivos que han definido nuestras denominaciones no están cambiando, pero estamos volviendo al núcleo común, que está en la Biblia. Estamos enfatizando estos temas centrales del evangelio. Históricamente, desde la era apostólica en adelante, esto siempre ha sido el evangelio. Estamos enfatizando el núcleo central del evangelio porque nuestras conciencias están cautivas por él. Mientras leemos y estudiamos la Biblia, mientras buscamos adorar en espíritu y verdad, debemos seguir nuestra conciencia y lo que nuestros corazones nos dicen.

Hay asuntos secundarios sobre los cuales las personas honestas y cristianas pueden no estar de acuerdo. A medida que buscamos fielmente servir y construir una iglesia que honre a Dios y a Jesucristo, debe basarse en los asuntos esenciales de este evangelio que ha sido entregado una vez y para siempre.

Una "iglesia" puede ser una reunión alrededor de casi cualquier cosa, y muchas iglesias funcionan de esa manera. Pero no debemos dejar que el espíritu de esta época se infiltre en nuestros corazones, en nuestras mentes y nuestras doctrinas. Esto no es una cuestión de comodidad o preferencias. Algunas personas pueden tener molestias mientras luchan con los asuntos de las Escrituras, y se convencen de lo que realmente es el evangelio. Este evangelio es una colina sobre la que nos levantamos. Este es el yugo común que sostenemos juntos para que podamos resolver todos nuestros otros asuntos. Luchar juntos por el evangelio de Jesucristo implica una buena voluntad de mirarnos a nosotros como iglesia y preguntarnos por qué estamos haciendo las cosas que hacemos.

Al examinarnos a nosotros mismos y evaluar lo que es más importante para nosotros como iglesia, debemos ser convencidos y resueltos sobre estos temas centrales. Debemos preguntarnos continuamente: ¿Quién es Jesucristo? ¿Dónde está la cruz de Cristo en nuestros corazones y mentes? El verdadero evangelio de Jesucristo debe permanecer siempre en el centro de nuestra iglesia o nos centraremos en el error. Si esto llega a ocurrir algún día, que Dios nos ayude a recuperar el evangelio bíblico.

# NOTAS

## Capítulo 1

Packer, J. I. *A Quest for Godliness: The Puritan Vision of The Christian Life.*
Wheaton, IL: Crossway Books, 1990. Pág. 130.
[2] Spurgeon, C. H. "Lessons from Christ's Baptism." Spurgeon Gems.
Accessed October 18, 2017. http://www.spurgeongems.org/vols58-60/chs3298.pdf. Pág. 3.

## Capítulo 2

Luther, Martin, J. I. Packer and O. R. Johnston. *The Bondage of The Will.*
Grand Rapids, MI: Fleming H. Revell, 2007. Pág. 79.

## Capítulo 3

Boice, James Montgomery. *Foundations of The Christian Faith: A
Comprehensive & Readable Theology.* Downers Grove, IL: InterVarsity Press,
1986. Pág. 415.
[2] Luther, Martin. *Luther's Works.* Translated by Jaroslav Pelikan and
Helmut T. Lehmann. Vol. 26. St Louis, MI: Concordia Press, 1955. Pág.
86.
[3] Pink, Arthur W. *Doctrine of Justification.* S.l.: LULU.COM, 2016. Pág. 29.
[4] Calvin, Jean. "Antidote to the Cannons of the Council of Trent" *Tracts
and treatises Vol 3.* Grand Rapids: Eerdmans, 1958. Pág. 152.
[5] Hodge, Charles. Commentary on the Epistle to the Romans. Grand
Rapids: Eerdmans, reprint, 1955:1886. Pág. 290.

## Capítulo 4

Cheley, Frank H. *Stories for Talks to Boys.* New York: Association Press,
1951. Pág.90.
[2] Spurgeon, C. H. "A Dire Disease Strangely Cured." Spurgeon Gems.
Accessed October 18, 2017.http://www.spurgeongems.org/vols49-51/chs2887.pdf. Pág. 4.
[3] Tozer, A. W. *The Divine Conquest.* Flemming H Revell Company, 1950.
Pág. 59.

## Capítulo 5

[1] Piper, John. *The Pleasures of God: Meditations on Gods Delight in Being God.* CO Springs, CO: Multnomah Books, 2012, Pág. 43.

[2] ibid.

[3] "Recreation." Houston's First Baptist Church. Accessed October 18, 2017.https://houstonsfirst.org/the-loop/ministries/fitness-recreation/recreation.

## Capítulo 6

"Barna Survey." Bible.org. February 2, 2009. Accessed October 18, 2017.https://bible.org/illustration/barna-survey.

[2] "Cambridge Declaration." Alliance of Confessing Evangelicals. Accessed October 18, 2017. http://www.alliancenet.org/cambridge-declaration.

# EL AUTOR

Tony Sanelli fue llamado y ordenado al ministerio en 1990. Tony es el pastor-maestro fundador de Grace Bible Church (Iglesia Bíblica de la Gracia) en Pleasant Hill, California desde 1995. Su ministerio es impulsado por el deseo de predicar y exponer las Escrituras con exactitud bíblica, un enfoque centrado en Cristo y en el cuidado pastoral.

Tony es graduado del Master's Seminary (Seminario del Maestro) en el sur de California y del Southern Baptist Theological Seminary in Kentucky. En conjunto con su ministerio en la Iglesia Biblica de la Gracia, también enseña teología bíblica en "The Cornerstone Seminary" (Seminario la Piedra Angular), sirve como el presidente de la junta y es profesor adjunto de seminarios en Honduras y España. Tony está casado con Sheri y tienen tres hijos y cinco nietos.

www.ingramcontent.com/pod-product-compliance
Lightning Source LLC
LaVergne TN
LVHW052340080426
835508LV00045B/3011